Rut Björkman

DAS NEUE MENSCHENBILD

Rut Björkman

DAS NEUE MENSCHENBILD

Licht einer anderen Dimension

AURUM VERLAG · FREIBURG IM BREISGAU

Aus Tagebuchblättern

1978
ISBN 3 591 08070 5

Gesamtherstellung: Landsberger Verlagsanstalt Martin Neumeyer.
Printed in Germany

INHALT

In jedem Menschen, in jedem Tier, in jeder Blume, in jedem Baum und in dem ganzen kosmischen Geschehen um mich, in der Luft, die ich atme, in der Sonne, die mich wärmt, in dem Dunkel der Nacht und dem Glanz der Gestirne, in dem Wasser, das ich trinke und in den Meeren, die unsere Erde umspülen, in dem Regen, der fällt, in allem ist die Kraft der Gottheit anwesend, und hier ist der Ort der Begegnung, hier will diese Kraft von uns erkannt und geliebt werden. Und wenn wir diese Liebe vollziehen, beginnt der Einstrom der hier manifestierten Kraft der Gottheit, und wir werden belebt und beseelt von dieser Kraft, und sie geht von uns aus, und damit erfüllen wir unseren geschöpflichen Sinn als geschaffen zur Offenbarung dieser Kraft des unsichtbaren Schöpfers; denn Liebe ist Synthese mit dem Geliebten, und daraus entsteht ständig neues Leben, neue Kraft.

Obwohl wir diese Einheit zwischen Schöpferkraft und Geschöpf als die Voraussetzung für ein sinn-volles Leben täglich in der Schöpfung um uns beobachten können, so erkennen wir nicht, daß auch der Mensch in der Einheit mit dieser Kraft in sich leben muß, um ein Mensch zu werden, der diese Kraft durch sich hindurchläßt zur Vergeistigung und zur Vergöttlichung sei-

11681/11825

ner Welt. Wir erfreuen uns an der reinen Ausstrahlung des Seins in den Blumen und Bäumen, wir werden davon belebt und beseelt, aber wir begreifen nicht, daß auch wir als höchste Manifestation des Schöpfergeistes im Sichtbaren in noch höherem Grade als Blumen und Bäume bestimmt sind, zur Belebung und zur Beseelung unserer Welt zu werden. Was die Schöpfung um uns als lebensspendende Kräfte aussendet, das erwartet auch die Schöpfung von uns in noch stärkerem Grade. Sie wartet auf die Offenbarung des schöpfergeist-erfüllten Menschen, auf daß sie erlöst wird aus der Knechtschaft unter dem Pseudo-Menschen, der wir noch sind, solange wir nicht ausgerichtet leben auf unsere Wahrheit, die der Geist des Schöpfers ist. Dieser Pseudo-Mensch stellt die Schöpfung unter die Herrschaft seines willkürlichen Geistes und verletzt fortwährend die Harmonie des Lebens in dieser Welt, er wirkt sich zum Widersacher der gottgewollten Ordnung aus, zum Feind des Lebens.

1. Haben wir Gott nicht immer geliebt?

Haben wir Gott nicht immer geliebt, ohne zu wissen, daß Er es war? Fühlten wir nicht von Kindheit an die Anziehungskraft durch die Bezüge allen Lebens? Standen wir nicht, wenn auch unbewußt, in Verbindung mit den Schöpferkräften in allen ihren Offenbarungen und dieses am lebendigsten in jener Zeit, wo unser Geist nicht absorbiert war von der Welt der Erscheinungen? Was kümmerte uns in jener Zeit der innigsten Verbindung mit den lebendigen Dingen das mühsame Streben der Erwachsenen und ihr Kampf um die Existenz? Wir lebten wie isoliert von jener Welt unserer Umgebung, geborgen in der Welt Gottes, hingezogen zu den Blumen und Bäumen, zu der lebendigen Erde, zu den Tieren, Zwiesprache haltend mit unsichtbaren Kräften, mißverstanden und im Wesen nicht angenommen von denen, die Macht über uns beanspruchten. Die Welt des Kindes und die Welt der Erwachsenen, welche Gegensätze! Was sieht ein Kind in dem, was es sieht, und was ein Erwachsener? Der Bezug ist ein grundsätzlich anderer. Bei dem Kind bewegen sich noch die Kräfte der Seele, bei dem Erwachsenen sind sie verdrängt zu Gunsten der Vergänglichkeit, der Erscheinungswelt. So besteht auch keine im Wesenhaften begründete Verbindung zwischen dem Kind und dem Erwachsenen, kein Austausch in der Seele. Die Kinder leiden unter einer seelenfernen Umwelt, bis sie über ständige Krisen und Auflehnungen abgerichtet sind auf das in der Menschheit herrschende Nicht-Leben und sich so dem Gegebenen und Gewohnten angepaßt haben, Erwachsene geworden sind, isoliert in ihrem Pseudo-Ich.

So verliert der Mensch mit den Jahren seine unmittelbare Beziehung zu dem Lebendigen, zum Seinshaften, aber trotzdem bleibt eine dunkel erlebte Beziehung zu allen Offenbarungen der Gottheit, eine Sehnsucht nach der verlorenen Heimat der Seele. Der Mensch erntet Unzufriedenheit und Freudelosigkeit in der Verhaftung an das ihm ungemäße Nichtleben und denkt mit Wehmut zurück an die Tage der sorglosen Kindheit, an seine innige Beziehung zum Leben der Schöpfung, und er weiß mit Gewißheit, daß er hier lebendiger und froher war, als es ihm jemals als Erwachsener gelingen wird. So ist die Liebe zu Gott als die Synthese mit dem wahrhaft Lebendigen wohl vorhanden, aber unterschwellig, verdrängt in unbewußte Bereiche, wartend auf eine Anrede, einen Anruf, um aufzustehen. Begegnen wir einem lebendigen Menschen, einem in der Liebe zu Gott bewußt Verbleibenden, so begegnen wir dem Kind Gottes, das uns ansprechen kann in unserer eigenen Gotteskindschaft, und damit wird die verschüttete Beziehung zu dem Ursprung wieder lebendig. Dann erleben wir, daß unsere Liebe zu Gott die Liebe zu dem in uns wesenden Leben ist.

2. Die Vision von Nietzsches Über-Menschen

Der Über-Mensch ist der Mensch in Christus. Der heutige Mensch ist „ein Übergang und ein Untergang". Er ist der Mensch, der Christus als seine Wahrheit nicht erkannt hat, sondern aus seiner Willkür und seinem Eigen-Sinn lebt, Opfer der in der Menschheit herrschenden geschöpflichen Verkehrtheit. Aus dem Pseudo-Leben dieses Menschen geht das Böse, das Verkehrte hervor. Alles was er von sich aus tut, vermehrt das Unheil in unserer Welt, weil es aus dem Zustand der Unheilheit hervorgeht. Die Vision von Nietzsches Über-menschen ist die Vision von dem in seiner Schöpfung heil gewordenen Menschen, von dem vollmächtigen und mündigen Menschen, von dem Nietzsche sagt, daß er seine Schönheit erlebte wie ein Schatten, und diese wie ein Schatten erlebte Schönheit überwältigte ihn so, daß er ausrief: „Was gehen mich seitdem die Götter an!" Alle Vorstellungen des Menschen von Gott verblaßten vor der strahlenden Herrlichkeit des geahnten Kommens des Über-menschen. Diese Vision des Über-menschen ist, wenn auch nicht von Nietzsche erkannt, die Vision von dem Kommen des wahrhaften, des vor dem Schöpfer richtiggestellten Menschen, des Menschen, lebend in Christus, in dem Geist des Schöpfers.

Diese Erkenntnis, daß der jetzige Mensch nur ein Übergang und ein Untergang ist, erlöst uns aus der Hoffnungslosigkeit und der Verzweiflung, die uns angesichts des verderbenden Wirkens dieses Menschen immer wieder überwältigten. Wir wissen, daß der wahre Mensch noch in dem jetzigen verborgen liegt, wartend auf seine Auferstehung. Der jetzige Mensch ist der verlorene Sohn Gottes, der seiner eigenen Wege geht, ohne sich selbst in seiner Urbeziehung zu Gott zu erkennen, potentiell göttlich, aber noch in der Sonderung von diesem Göttlichen verharrend, deshalb immer mehr sich von seiner Wahrheit entfernend, immer tieferes Leid auslösend, immer mehr Unheil zeugend aus dem Zustand seiner Unheilheit. Die Geschichte dieses Menschen ist die traurige Geschichte des verlorenen, sich selbst entfremdeten Menschen, der mit allen seinen Versuchen, seine Welt zum Heil zu führen, aus seiner Unheilheit lebend, ihr zum Unheil wird.

Des Über-menschen Schönheit hat immer wieder aufgeleuchtet im Leben der von Christus in sich ergriffenen Menschen, und ihr mit dem Göttlichen in sich verbundenes Leben hat uns den Beweis für die potentielle Göttlichkeit des Menschen gegeben. Was ein Mensch durch seine geschöpfliche Richtigstellung vor dem Schöpfer erreicht hat, liegt im Bereich des Menschen-möglichen, deshalb müssen wir das Leben der Erleuchteten als das uns gemäße Leben betrachten und uns von ihnen den Weg zeigen lassen, der zur Verbindung mit unserer Wahrheit führt. Diese Menschen haben die Begrenzung in einem willkürlichen Nicht-Leben gesprengt und sind zu jener Dimension schöpferischen Lebens in sich erwacht, die sie offenbar werden ließ als Menschen einer anderen Ordnung und anderer Befugnisse. Im Leben der Erleuchteten und Wiedergeborenen stehen wir vor den Über-menschen, vor den Menschen, die die Umkehr zu dem Ursprung vollzogen haben und in die Einheit mit den Kräften und Klarheiten schöpferischen Lebens hineingekommen sind, die uns mit der Vollmacht und Mündigkeit ihres gottverbundenen Lebens überwältigt haben. Ob Laotse, Buddha, Jesus oder die große Zahl der zu dem göttlichen Ursprung vorgedrungenen Menschen aller Zeiten und aller Völker, überall stehen wir hier vor der aufleuchtenden Kraft des Über-menschen als des wahrhaftigen, von Gott gewollten Menschen.

Aber noch immer begreifen die Menschen nicht die Verheißung für die Heilung unseres Lebens, die uns mit diesen Menschen gegeben worden ist, und wir trachten nicht danach, das Geheimnis ihrer Vollmacht zu erforschen. Wir bleiben trotz der immer wieder aufleuchtenden Schönheit des Über-menschen, den wir verstehen müssen als den wahren Menschen schlechthin, in dem Zustand unserer Sonderung von unserer Wahrheit. Wir begnügen uns mit dem Los des verlorenen Sohnes und erdulden stumpf alle verhängnisvollen Folgen unserer Selbstentfremdung und unseres Verbleibens auf der Oberfläche unserer Vergänglichkeit, der Sünde ausgeliefert. Wir erkennen nicht die ungeheure Bedeutung der Erleuchteten, der mit dem Göttlichen verbundenen Menschen, für uns alle, wir nehmen ihre auf unsere verborgene Wahrheit ausrichtende Kraft nicht an, und so entsteht durch ihr grundsätzlich anderes Leben nicht jene Verwandlung und Neuschöpfung unseres Lebens, die sie hervorrufen könnten, wenn wir sie recht verstehen würden als Menschen wie wir, mit dem einzigen Unterschied, daß sie ihre Wahrheit als Gottes Kinder, Erben ewigen Lebens, erkannt und angenommen haben, während wir noch im Zustand der Sonderung davon verbleiben und diesen ohnmächtigen, unheiligen, unerleuchteten Zustand als das wirkliche, uns gemäße Leben betrachten.

Unsere geschöpfliche Situation ist ein Beweis für unsere Zugehörigkeit zu dem Schöpfer und die Möglichkeit unserer Teilnahme an dem schöpferischen, dem ewigen Leben. Wir sind und bleiben Kinder Gottes, aber die Frage bleibt, ob wir diese Kindschaft bewußt erkennen und annehmen oder ob wir aus unserer Willkür und unserer Vergänglichkeit ein Pseudo-Leben aufbauen, ohne Hinwendung zu unserer Wahrheit, ohne Bewußtsein der in unserer Schöpfung verborgenen Kraft des Schöpfers, die allein die Menschwerdung bewirken kann. Aus der Einheit mit dieser Kraft kommt der Mensch in Christus, der von Gott gewollte Mensch, hervor, und dieser Mensch ist der Über-Mensch, der vollmächtige und mündige, der gotterfüllte Mensch.

3. Der Gott der Menschen muß sterben

So lange hat die Menschheit unter dem Bann falscher Vorstellungen von Gott gelebt, Ihn außerhalb ihrer eigenen und der Welt Schöpfung gesehen und Ihn da gesucht, wo sie Ihn nicht finden kann und Ihn angebetet, wo sie keine Verbindung mit seiner Wirklichkeit erleben konnte, so daß die Zeit kommen mußte, wo Gott nicht mehr gefragt wird und an seine Existenz nicht mehr geglaubt wird. „Gott ist tot", ist die natürliche Folgerung der Lehre von dem außerweltlichen Gott, die mit allen Bemühungen des Menschen, Ihm nahe zu kommen, erfolglos blieb. Dieser Gott hat sich nicht bewegen lassen, auf die Gebete der Menschen, auf ihr Rufen und Flehen nach Hilfe in ihren mannigfaltigen Nöten zu antworten. Er greift nicht in ihr Leben ein, um sie mit seiner Kraft und Weisheit zu erfüllen. Er läßt der Welt ihren Lauf, und der Mensch erreicht mit allen seinen religiösen Riten und Opfern, mit der Teilnahme an Gottesdiensten und Sakramenten nicht, daß dieser Gott sich für den Menschen engagieren läßt und sich als Diener seiner Wünsche verwendbar zeigt.

Der außerweltliche Gott, der in fernen Himmeln thront und das Treiben der Menschen gleichgültig betrachtet, der nur interessiert ist für die sogenannten

Gläubigen oder Anhänger der jeweils herrschenden Religionen, dieser Gott ist eine Erfindung des Menschen. Gott muß verstanden werden als der sich selbst in allem Geschaffenen offenbarende Eine, als die stets gegenwärtige Kraft des Lebens in allem, was ist, und die Unterordnung der ganzen Schöpfung unter das Wirken dieser Kraft führt zur Gott-erfülltheit dieser Schöpfung. Gott ist erreichbar für einen jeden Menschen über das in ihm wesende Göttliche, das wir als die menschbildende Kraft Gottes in uns erkennen müssen, als das Leben, das uns lebt und das sich selbst durch uns kundtun will. Wer im Bewußtsein dieser Kraft lebt und sie ohne Unterlaß an-betet, der betet diese Kraft in seine Schöpfung hinein und wird von ihr bewirkt. Damit erfüllt er seinen geschöpflichen Sinn und wird zur Gottesoffenbarung. Gott ist alles in allem, und deshalb sind wir Gott in Manifestation, und wollen wir Ihm begegnen, so müssen wir in das göttliche Geheimnis unserer eigenen Schöpfung hineingehen und hier den Ort der An-betung Gottes erkennen.

Uns auszurichten auf die Kraft, die uns lebt, und ihren Weisungen zu folgen, uns ihrem Wirken im Glauben und Vertrauen hinzugeben, wissend, daß nur sie verantwortlich sein kann für die Vollendung der von ihr geschaffenen Schöpfung, dieses allein ist, Gott recht zu erkennen und in eine lebendige Verbindung mit unserem Ursprung hineinzukommen. Wenn wir unter die verwandelnde und erneuernde

Kraft Gottes in unserer Schöpfung kommen und uns seiner nie aussetzenden Gegenwart bewußt werden, dann sind alle menschlich begrenzten Vorstellungen von einem außerweltlichen Gott, die in den religiösen Lehren gepredigt werden, in ihrer Ungöttlichkeit erkannt und aufgehoben. Der Mensch findet Gott in seiner eigenen und der Welt Schöpfung und betet Ihn hier an und wird von seiner Gegenwart überwältigt. Der Ort der An-betung Gottes für einen jeden Menschen ist sein eigenes, von Gott geschaffenes Leben, wie der Mensch auch die Gegenwart des Schöpfers in allem, was lebt, erkennt und so sich in Liebe allem Geschaffenen zuwendet.

Diese wahre Gotteserkenntnis wird uns erlösen aus allen ohnmächtigen Lehren der um Gott in sich nicht wissenden Menschen, und wir werden in eine unmittelbare Beziehung zu Gott hineinkommen, und die Kräfte des Himmels werden sich in unserem Leben bewegen und uns tragen von einer Entfaltung zur anderen, hinein in die Macht unserer Kindschaft zu Gott. Gott ist gegenwärtig, „Gott ist alles in allem, in Ihm leben wir und bewegen wir uns und haben unser Sein". Wo ist bei dieser Erkenntnis Gott nicht? In der Gesamtheit unserer Schöpfung sind wir gotterfüllt, aber wir erkennen es nicht, denn wir sind verführt und irregeleitet durch Jahrtausende von religiösen Vor-stellungen und Lehren von einem fernen Gott, der uns mit Strafen bedroht und uns die Seligkeit vorenthält, wenn wir nicht Diener dieser Vorstellungen sind. Das Leiden der Menschen unter diesen religiösen Dämonien ist unermeßlich, und ihre Schuld für die Verhaftung der Menschen an einen uns verderbenden Zustand der Gottlosigkeit wird eines Tages allen offenbar werden. Sie haben den Menschen um seine Göttlichkeit gebracht und ihn einem Zustand der Verlorenheit und des Irrens im Vergänglichen ausgeliefert, ihn unter dem Fluch der Sonderung von seiner Wahrheit gehalten, die die Menschwerdung unmöglich gemacht hat.

Wenn Gott als unser Leben, das uns lebt, erkannt wird und wir auf Ihn in uns ausgerichtet werden, bedeutet dieses das Ende der Herrschaft religiöser Macht und den Beginn der Herrschaft des lebendigen Gottes über sein Geschöpf Mensch. Dann geht das Wort in Erfüllung: „Es wird niemand den anderen lehren und sagen: Erkenne den Herrn! denn sie werden mich alle kennen, von dem Kleinsten bis zu dem Größten." Es wird der Mensch dann von Anfang an ausgerichtet werden auf die in seiner Schöpfung wesende Kraft Gottes, und er wird in der ständigen Anbetung dieser Kraft leben.

Wir haben Gott nicht gefunden, weil wir erzogen sind, Ihn dort zu suchen, wo Er nicht an-wesend ist, und so haben wir die Folgerung von unserer vergeblichen Suche nach Gott gezogen und Gott als tot, als nicht existent betrachtet und von Ihm Abstand genommen. Dieser Zustand der Abwendung des Menschen von den ohnmächtigen Lehren der Religionen von einem außerweltlichen Gott ist notwendig, auf daß wir endlich den Weg finden zu der Wirklichkeit des allein Wirklichen in uns und um uns. Der Gott der Menschen muß sterben, auf daß der lebendige und stets gegenwärtige Gott aufersteht und uns den Weg zu der Verbindung mit seiner Gegenwart in uns öffnet. „Gott ist tot“, ist die radikale Verkündigung des Menschen angesichts des vom Menschen geschaffenen Gottes, der dazu gedient hat, daß die Macht der Menschen über den Menschen aufrechterhalten bleiben konnte. Dieser vermenschlichte Gott der Religionen war von Anfang an tot und konnte den Menschen nicht zur Vergöttlichung seines Lebens führen. An seine Stelle wird nun der lebendige Gott treten, der in uns und um uns ständig wirkt und nur darauf wartet, von uns erkannt und angenommen zu werden, um sein Werk mit uns fortzusetzen und uns in unsere Wahrheit als seine Kinder, Erben ewigen Lebens, einzusetzen.

4. Der willkürliche Geist ist der Widersacher des Schöpfergeistes

Der willkürliche Geist des Menschen ist der Widersacher des Schöpfergeistes und verurteilt ihn zum Los des verlorenen Sohnes. Der Mensch fällt aus dem Rhythmus des schöpferischen Geschehens, wenn er aus der Verbindung mit dem Schöpfergeist fällt und dem Wahn unterliegt, daß er durch die Entwicklung seines Geistes in ein erfülltes und vor dem Schöpfer gerechtes Leben hineinkommen kann. Unter diesem Wahn lebt die ganze Menschheit und ist eifrig bestrebt, durch Erziehung und Studium den Geist des Menschen immer mehr zu entfalten. Die Klugen dieser Welt werden in ihrem Vorrang bestätigt und werden zu Vorbildern und Wegweisern für die übrige Menschheit, obwohl die Geschichte in erschütternder Weise Zeugnis davon ablegt, daß die Führung durch die Gelehrten und Klugen uns alle in die Irre führt und eine Bedrohung für die ganze Schöpfung ist. Der Geist des Menschen ist ihm als Instrument gegeben zur Erkenntnis des Schöpfergeistes, und solange der Mensch dieses nicht erkennt, sondern in der Enge seines willkürlichen Geistes verbleibt, ist er aus der Harmonie des Lebens gefallen, und er befindet sich in einer Feindschaft zu der Kraft des Schöpfergeistes und hat damit die Menschwerdung unterbrochen.

Mit allen Eroberungen der Wissenschaft, mit allen

 10362

Erkenntnissen über die Welt der Erscheinungen bleibt der einer willkürlichen Geistigkeit verhaftete Mensch außerhalb der erlösenden und heilenden Kraft des Schöpfergeistes. Das schöpferische Geschehen ist unterbrochen, und der Mensch nimmt nicht zu an Weisheit und Erkenntnis, wächst nicht hinein in die Macht seiner Kindschaft zu dem allmächtigen und allgegenwärtigen Schöpfer. Je klüger, je intellektueller der Mensch wird, um so gefährlicher wirkt er, um so im tiefsten Sinne unlebendiger, unmenschlicher und ungöttlicher wird er. Er fällt aus der leben-gebenden Einheit mit allem Leben heraus, er entfaltet ein Pseudo-Leben aus seinem Geist und hält es für das dem Menschen gegebene Los, daß er der Not und dem Verderben, der Entartung und der Sinn-losigkeit anheimfällt und unfähig bleibt, seinen geschöpflichen Sinn als Gott offenbarendes Geschöpf zu erfüllen.

Aus diesem Zustand seiner Sonderung von dem Schöpfergeist mit allen daraus entspringenden Nöten folgert der Mensch, daß er eben als Geschöpf unvollkommen ist, und nun erfindet er aus seinem willkürlichen Geist Erlösungslehren, die ihn jedenfalls in einem Jenseits der ersehnten Gnade Gottes teilhaftig werden lassen, so er im Glauben daran lebt. Mit diesen religiösen Lehren wird der Mensch veranlaßt, das Los seiner Selbstentfremdung in der Sonderung von seiner existentiellen Wahrheit, die der Schöpfergeist ist, als sein Schicksal in dieser Welt anzusehen und sich damit abzufinden, anstatt sich der Not seines

Teil-Lebens zu stellen und nach ihrer Ur-sache zu forschen. Er nimmt das Dogma von der Erbsünde an und findet nichts Anstößiges daran, daß die Menschheit durch Jahrtausende einem erbärmlichen, mit Krankheit, Verderben und Unmenschlichkeit erfüllten Leben in dieser Welt ausgeliefert wird.

Die Erklärung für diesen Stumpfsinn des Menschen gegenüber dem Leiden, das er selbst zeugt durch seine Bewußtlosigkeit für den in seiner Schöpfung wesenden Schöpfergeist, ist in der Verhaftung an die Vorstellungen und Lehren dieser Welt zu suchen. Die Menschen leben ohne Rückverbindung mit dem Schöpfergeist, ohne Ehrfurcht, ohne Hinwendung zu dem inneren Geschehen. Sie denken mit den beschränkten Mitteln ihres Geistes und müssen irren, denn der Geist des Menschen ist nur ein Werkzeug des Schöpfergeistes, und er muß mit diesem Geist in ständiger Verbindung stehen, auf daß Er, der allein die Konzeption des Menschen kennt und über die Kraft der Verwirklichung dieser Konzeption verfügt, die Menschwerdung bewirken kann.

Diese Unkenntnis um die Abhängigkeit des Geschöpfes Mensch von dem Wirken des Schöpfergeistes, aus dem es entstanden ist, um zu leben, hat uns weitergeführt auf dem Weg der Verlorenheit und des Irrens. Es bedarf der Erweckung des Menschen zu seiner geschöpflichen Abhängigkeit von dem Schöpfergeist, um das ihm gemäße und vollmächtige Leben zu entfalten, es bedarf der geschöpflichen Unterordnung unter das in uns wesende Leben aus dem Ursprung. Wir müssen herausleiden aus den uns überlieferten Vorstellungen von der Erbsünde, die uns verurteilt zu einem Leben außerhalb des Reiches Gottes als des Reiches des wirklichen Lebens, und wir müssen uns selbst erkennen als eine Manifestation dieses Lebens in individueller Offenbarung. Die Erbsünde ist nichts anderes als die von Geschlecht zu Geschlecht überlieferte Vor-stellung von unserem Abfallen von Gott durch das erste Menschenpaar, und wir haben uns in dieser Vorstellung, die sich vor die Wirklichkeit des Schöpfergeistes in unserer Schöpfung gestellt hat, eingerichtet, und wir halten uns daran, leben gleichgültig gegenüber den Weisungen des Heiligen Geistes und entfernen uns so immer mehr von unserer Wahrheit, fallen immer tiefer in den Abgrund der Gottlosigkeit, werden immer un-menschlicher, indem wir un-göttlicher sind.

Nicht der Schöpfer hat uns aus dem Paradies als aus dem von ihm ausgehenden Leben hinausgeworfen, sondern allein unsere Bewußtlosigkeit für dieses Leben, das wir ja sind in Offenbarung, verhindert das Einströmen seiner Kräfte und Klarheiten in unser tägliches Leben. Wir selbst sind die Ursache unserer Ohnmacht und unseres Versagens, unserer Entartung und unseres Verderbens, denn wir wenden uns nicht nach innen, um die Gegenwart Gottes in uns zu erkennen und uns dazu zu bekennen. Wir lassen uns von den unzulänglichen Lehren und Vorstellungen dieser Welt beeinflussen und manipulieren, anstatt daß wir aufwachen zu der Erkenntnis dessen, daß der Schöpfergeist fortwährend in uns am Werke ist und daß er allein fähig ist, unsere Schöpfung zur Sinnerfüllung zu führen. Wir sind dieser Geist in Offenbarung, und wenn wir aus Ihm leben und denken, kommen wir hervor in der Macht unserer Kindschaft zu Gott.

5. Wir müssen vorstoßen zu der Innenseite des Lebens, wo der Schöpfergeist am Werke ist

Weil wir in unserem Geist leben, verhaftet einem Oberflächenleben, sind wir ausgeschlossen aus der Einheit allen Lebens im Ursprung. Wir erleben nicht den Austausch im Lebendigen mit der Schöpfung um uns, weil wir nicht aus unserer Ganzheit leben. Wir erreichen durch das Teil-Leben, das wir führen, nur die Außenseite des Lebens, aber wir vermögen nicht vorzustoßen zu der Innenseite, wo der Schöpfergeist am Werke ist. Wir können nicht tiefer am Leben um uns teil-nehmen, als wie wir selbst tief leben. So setzen wir uns selbst Grenzen und leiden unter der Enge unseres Lebens, unter der Beziehungslosigkeit zu unseren Mitmenschen und zu der geschöpflichen Welt, ohne zu erkennen, daß die Ursache unserer Not darin liegt, daß wir beziehungslos zu unserer eigenen spirituellen Wirklichkeit leben, daß wir die Verbindung mit unserer eigenen Seele nicht aufgenommen haben. Der Zugang zu der Seele der Schöpfung um uns ist damit verschlossen, denn nur über sie empfangen wir die Seele der Welt, und wir werden hineingenommen in die Einheit allen Seins im Ursprung.

Wenn wir uns selbst beobachten, so werden wir uns dessen bewußt, daß wir der Erscheinungswelt verhaftet leben und uns erschöpfen in Reaktionen gegenüber dem, was wir mit unseren fünf Sinnen aufnehmen. Zu dem, was hinter dieser Welt der Erscheinungen sich abspielt, haben wir keinen Zugang. So leben wir von der eigentlichen Wirklichkeit des Lebens gesondert, wir vermögen sie nicht durch unsere Erkenntnis zu entbinden, nicht an ihren Kräften teilzunehmen durch unsere liebende Hinwendung zu ihr. Weil wir nicht vorgedrungen sind zu der in unserer eigenen Schöpfung wesenden Seinswirklichkeit, nicht seelisch lebendig sind, so haben wir keine Erlebnisfähigkeit für die Seele der uns umgebenden Schöpfung. Wir bleiben auf der Oberfläche des Lebens, bis auf den Tag, wo wir aufwachen zu dem Bewußtsein der Gegenwart des Schöpfergeistes in uns selbst und in allem Geschaffenen, bis wir spirituell lebendig werden. Dieses Oberflächenleben, das wir führen, ist das außerparadiesische Teil-Leben, zu dem wir verurteilt sind, solange wir nicht aus unserer Ganzheit leben, eins mit der Kraft, die in uns Leben bewirkt. Es ist diese Kraft in uns, die, wenn sie bewußt erlebt wird, uns verbindet mit dieser Kraft in allem, was lebt. Mit der Annahme dieser Kraft und mit dem Leben aus ihr sind wir wieder im Paradies des wirklichen Lebens, und nichts trennt uns mehr voneinander im Wesenhaften, wie wir auch nicht mehr getrennt leben von den Schöpferkräften, die in allem Lebendigen wirksam sind.

Im Zustand der Einheit, im gemeinsamen Ursprung sind wir geboren, und wenn wir sie erleben, haben wir die Fülle des Lebens, und unsere Freude ist vollkommen. Es bedarf des Aufwachens zu der Kraft des Schöpfergeistes in unserer Schöpfung, es bedarf der Umkehr zu dieser Kraft, dann ist der verlorene Sohn zum Ursprung zurückgekehrt und wird eingesetzt in das Erbe ewigen Lebens. Alle Nöte und Verhängnisse seines Oberflächenlebens sind zu Ende, er ist nach Hause gekommen, und er erlebt, daß er eingebettet ist in einer Einheit mit allem Lebendigen und schöpfen kann aus den unerschöpflichen Kräften ewigen Lebens. Das was ihn verurteilte zu der Not des Irrens im Vergänglichen, was ihn leiden ließ unter der Beziehungslosigkeit im Wesenhaften, war seine Bewußtlosigkeit gegenüber seiner Wahrheit als Schöpfergeist in Manifestation, unlösbar verbunden über diese seine Wahrheit mit allen Offenbarungen dieses Geistes.

Dieses Reich ist ständig an-wesend, aber wir sind nicht an-wesend in diesem Reich, wir sind nicht vorgedrungen zu dem Bewußtsein, daß wir aus diesem Reich hervorgegangen sind und darin leben müssen, um es durch uns offenbaren zu können. Die Verwandlung und Neuschöpfung des verlorenen Sohnes geschah durch seine Umkehr zu dem Ursprung. Er brauchte nichts anderes zu tun, als umzukehren, als hineinzugehen in die von Anfang an vorhandene Beziehung zu seinem Vater. Indem er sich er-innerte, wer er war und sich seiner Wahrheit als Kind des Vaters bewußt wurde und sich zu dieser Wahrheit bekannte, stand bereits diese Wahrheit vor ihm und öffnete das Tor zum ewigen Leben. Es bedurfte der Richtigstellung vor dem Ursprung, und das Reich Gottes war erreicht. Dieses Reich war nie abwesend von dem Sohn, nur der Sohn hatte sich von diesem Reich gesondert und hatte ein Oberflächenleben aus seiner Vergänglichkeit aufgebaut, das ihn ausschloß aus dem unvergänglichen, dem wahrhaften Leben.

Dieses Gleichnis vom verlorenen Sohn schildert in genialer Weise den Zustand menschlichen Lebens in der Bewußtlosigkeit gegenüber seiner Wahrheit. Wir befinden uns alle in dieser Bewußtlosigkeit und gehen die leidvollen Irrwege der Selbstentfremdung, und wir erleben die tödlichen Folgen unserer Gottlosigkeit. Wir erkennen nicht unsere geschöpfliche Abhängigkeit von dem Ursprung unseres Lebens, von dem Schöpfergeist, auf daß Er, dessen Konzeption wir sind, uns vollenden kann. In Not auf Not erleben wir, daß wir immer tiefer in die Entartung und in das Verderben, in die Krankheit und in die Erschöpfung unserer Mittel im Vergänglichen hineinkommen, ohne jedoch aufzuwachen zu dem, was uns not tut, und ohne die Umkehr zu unserem Ursprung zu vollziehen. Diese Umkehr ist nichts als eine Einkehr in die Kraft, die uns und alles Leben lebt, eine Bewußtwerdung, daß wir Schöpfergeist in Offenbarung sind und deshalb mit diesem Geist verbunden bleiben müssen, um das uns gemäße Leben zu erreichen. Es bedarf keiner mühsamen Wege in die Ferne, keines jahrelangen Suchens nach einem Meister, denn der Meister ist in uns, der Schöpfergeist ist ständig anwesend in unserer Schöpfung, oder wir würden nicht einen Augenblick leben, aber es bedarf der Bewußtwerdung dieses Geistes in uns und des Glaubens an Ihn.

„Sohn, alles was mein ist, ist Dein", ist das Bekenntnis des Vaters zu seinem zurückgekehrten Sohn. Es gibt keine Möglichkeit, an unserer eigenen Göttlichkeit teilzunehmen, ohne daß diese unsere Göttlichkeit uns verbindet mit allem Leben, das von Gott ausgeht. Das Reich Gottes ist kein Ort, sondern der Zustand des gotterfüllten Lebens. Und da alles Leben Gottes Leben ist, befinden wir uns ständig mitten im Reich Gottes, wenn auch noch unbewußt, bis auf den Tag unserer Einkehr in dieses Reich.

6. Wir müssen unserem Mitmenschen helfen, die in ihm wesende Kraft Gottes zu erkennen

Wir stehen in der Bewunderung vor einer Blume, vor einem Baum, aber wann stehen wir in Bewunderung vor dem Menschen, dieser höchsten Manifestation der Schöpferkraft? Wann beten wir unsere eigene Schöpfung an und sehen in ihr das göttliche Geheimnis des Lebens in höchster Offenbarung? Weil uns das Bewußtsein für unsere Göttlichkeit fehlt, weil wir uns nur im Persönlichen und Vergänglichen sehen und nicht die überpersönliche Kraft des Schöpfers, die in uns wirkt, entbinden, deshalb beten wir diese Kraft in uns nicht an, bewundern wir nicht unsere Schöpfung und sehen nicht in unseren Mitmenschen das Göttliche in Offenbarung, lieben sie nicht als aus demselben Ursprung hervorgegangen. Die Sinne der Seele sind nicht in uns wirksam; wir nehmen nur mit den äußeren Sinnen die Schöpfung auf, und damit erreichen wir nicht unsere innere Wirklichkeit. Wir sehen uns selbst und unsere Mitmenschen in der Sonderung von dem schöpferischen Prinzip, und hier entfalten wir alle den Pseudo-Menschen, der keine göttlichen Züge trägt, der uns erschreckt in seiner Hinfälligkeit und Un-menschlichkeit. Solange wir nur diesen äußeren Teil des Menschen wahrnehmen, seine Schwächen und Sünden, seine Bosheit und Ungöttlichkeit, solange bringen wir keine Liebe und Bewunderung für ihn auf.

Aber durch dieses Gewordene, dieses Teil-Leben im Vergänglichen, müssen wir hindurchstoßen und vordringen zu der Kraft des Schöpfers, aus der der Mensch entstanden ist, und wenn wir diese Kraft, die ihn lebt, erkennen, müssen wir den Menschen als Geschöpf Gottes lieben, uns mit dieser Kraft, die er ist in individueller Offenbarung, verbinden und sie dadurch entbinden. Die Liebe zu unserem Mitmenschen aus dem Bewußtsein der Gegenwart des Schöpfers in seiner Schöpfung ist die stärkste erlösende und heilende Kraft, die wir vermitteln können. Die unterdrückte und vergewaltigte Seele des Menschen als seine Gotteswirklichkeit empfindet diese Liebe als eine erweckende und wiederherstellende Kraft, und durch diese Liebe können wir erreichen, daß der Mensch sich selbst in seiner Wahrheit erkennt und sich zu ihr bekennt. Es gibt keine Möglichkeit, auf eine andere Weise die Seele eines Menschen anzurufen, sie in ihrer Göttlichkeit anzubeten. Deshalb gilt die Aufforderung, unseren Bruder zu lieben, den Nächsten in seiner Wahrheit als Kind Gottes zu erkennen und uns zu Ihm zu bekennen. Gleichgültig, in welchem Zustand der Bewußtlosigkeit für seine Seele ein Mensch lebt, die Begegnung mit einem Mitmenschen, der ihn in seiner Wahrheit als Kind Gottes erkennt und liebt, hilft, diese Bewußtlosigkeit aufzuheben.

Würden wir in Ehrfurcht und Bewunderung vor

einander stehen aus dem Wissen um unsere noch verborgene Göttlichkeit, und würden wir uns um dieser Göttlichkeit willen lieben, so wären wir einander Erlösung und Heilung. Aber wir sind noch verhaftet dem Zustand unserer Bewußtlosigkeit für das Göttliche in uns selbst und in unseren Mitmenschen, deshalb leben wir in einem instinktiven Widereinander und beurteilen einander nach dem, was wir abseits unserer Wahrheit geworden sind.

Hier sind Lieblosigkeit, Kritik und Ablehnung, Haß und Mißtrauen zu Hause, und wir sind unfähig, einander zur Entbindung unserer Seele zu werden, denn wir erkennen diese Seele nicht. Der Mensch erscheint uns nicht würdig unserer Liebe, und so gehen wir acht-los an ihm vorbei, können den verborgenen Gottessohn nicht erwecken.

Betrachten wir daraufhin rückblickend unser Leben und unsere Beziehungen zu uns selbst, zu den Mitmenschen wie zu der Schöpfung um uns, so müssen wir feststellen, daß wir nicht im Bewußtsein der Göttlichkeit des Lebens in uns und um uns gelebt haben und immer versäumt haben, die Liebe zu vollziehen, die erlösende Kraft besitzt, die Liebe zu Gott in seiner Schöpfung.

Die Göttlichkeit unserer Schöpfung wird uns, wenn sie einst erkannt und angenommen wird, aus allen Folgen unserer Bewußtlosigkeit erlösen. Daß wir Not haben, sagt uns, daß uns etwas not tut. Leid ist Irrtum, Krankheit ist Kränkung unserer Wahrheit als Kinder

Gottes. Leben wir ohne Wissen um die Kraft Gottes in uns, so leben wir auch ohne Wissen um diese Kraft in unseren Mitmenschen, und wir können nicht diese Kraft entbinden, nicht beitragen zur Erlösung und zur Heilung unserer Umwelt. Unsere Verantwortung für unseren Nächsten besteht darin, daß wir ihm helfen müssen, diese in ihm wesende Kraft Gottes zu erkennen und sich dazu zu bekennen. Diese Verantwortung beginnt mit der Bewußtwerdung dieser Kraft in uns selbst, weshalb nur der Erweckte zur Erweckung werden kann.

Wenn Paulus ausruft: „Kündlich groß ist das Geheimnis der Gotterfülltheit", so meint er, daß derjenige, der das Göttliche als seine Wahrheit erkennt, es verkündigen muß, daß er es als seine Aufgabe erkennen muß, die Menschen auszurichten auf diese in ihrer Schöpfung wesende Kraft des Schöpfers zur Vollendung dieser Schöpfung. Er muß die Menschen sehen, wie sie im Wesenhaften sind und unerschütterlich bleiben im Glauben an dieses Wesenhafte. Er darf sie nicht identifizieren mit ihrer Sonderung oder ihrer Bewußtlosigkeit für ihre Wahrheit, denn damit fixiert er sie darin. Die Liebe zu Gott ist die Liebe zu seinem Werk, und in dieser Liebe müssen wir unbeirrbar bleiben, auch wenn die Menschen noch nicht bewußt der Gegenwart Gottes in ihrer Schöpfung leben. Es ist der Glaube an das Göttliche, der erlösende Kraft besitzt, und wer zu diesem Göttlichen in sich erwacht ist, wie kann er umhin zu erkennen, daß dieses Göttliche in seinen Mitmenschen auf Erlösung wartet! Wir müssen in jedem Menschen die darin wesende Kraft des Schöpfers anbeten, auf daß sie in dem Bewußtsein dieses Menschen auferstehen und ihn aus der Sonderung davon erlösen kann.

7. Die Zeit wird reif für die Entdeckung der Dimension der Seele

Wir haben jeden Augenblick die Möglichkeit, die in unserer eigenen und der Welt Schöpfung wirkenden Schöpferkräfte durch unsere liebende Hinwendung zu ihnen und durch die Anbetung ihrer Gegenwart zu entbinden. Wir machen die Erfahrung, daß, wenn wir in Liebe und in Dankbarkeit unseren Körper an-denken, in ihn hineingehen und vor jedem Organ innehalten, um uns für seine Arbeit und Aufgabe in unserem Leben zu bedanken, gleichsam eine lebendige Begegnung zwischen uns und ihm geschieht und eine erhöhte Schwingung von Wärme und Kraft erlebt wird. Unsere Anerkennung und Liebe wird beantwortet, und auf diese Weise können wir feststellen, daß jede Zelle unseres Körpers ansprechbar ist für unsere Aufmerksamkeit. Es spielt sich in unsichtbaren Bereichen eine Verlebendigung unseres Körpers ab, wenn wir uns bewußt an ihn wenden und seine unfaßbare Schöpfung liebend an-denken. Desgleichen erfolgt auch eine leben-gebende Wirkung auf alles Lebendige um uns, dem wir uns in Liebe zuwenden, sei es eine Pflanze, ein Tier, eine Landschaft, ja, wir imprägnieren sogar unsere Räume mit der Kraft unseres Bewußtseins. Das was uns innerlich bewegt, das worauf wir unsere Aufmerksamkeit richten, wird von uns beeinflußt; wir senden fortwährend unsere Bewußtseinsinhalte aus und tragen somit zur Veränderung unserer Umwelt bei. Selbst jenseits von Zeit und Raum gehen die Wirkungen unseres Geistes aus, denn wir kommen aus dem ewigen Leben, das keine Begrenzung durch Zeit und Raum kennt. Der Mensch, der seine Göttlichkeit erkennt, erkennt so auch seine Zugehörigkeit zu dem ewigen Leben und ist in seiner Ausstrahlung unbegrenzt, so er in der Einheit mit diesem Leben verbleibt.

Was für Möglichkeiten menschlichen Lebens noch auf uns warten, um entdeckt zu werden, davon können wir uns heute keine Vor-stellungen machen, denn wir leben noch außerhalb der Bereiche unserer Seele, verhaftet einem ohnmächtigen Pseudo-Leben. Wir sind nicht bewußt angeschlossen an unsere Wahrheit, die der Schöpfergeist in uns ist, und wir können nicht seine Kräfte bewegen. Sobald wir aber an diesen Geist in uns glauben und uns auf Ihn sammeln, beginnt zwischen uns und den Offenbarungen dieses Geistes eine lebendige Wechselbeziehung, die uns erleben läßt, daß Kräfte entbunden werden können, wenn wir unsere liebende Aufmerksamkeit darauf richten. Das gilt auch für längst aus dieser Ebene weitergegangene Seelen. Wir erreichen sie über alle Zeiten, wenn unsere Seele sie anspricht. Wir erleben diese Begegnungen in der Seele als eine Zufuhr von Kraft und Freude, als ein Bereichert-werden von innen, gestärkt und gleichsam seelisch ernährt. Wenn wir uns in der Stille auf einen

Erleuchteten ausrichten, den unsere Seele liebt, ihn an-denken, so erleben wir eine Zunahme seelischer Kräfte, eine innere Freude erfüllt uns, eine wunderbare Wärme durchströmt uns, und dieses nehmen wir als einen Beweis einer inneren Begegnung an. Wir haben eine Antwort bekommen, eine Rückstrahlung von liebender Hinwendung zu unserer Seele.

Noch begreifen die Menschen nicht die Natürlichkeit dieser unsichtbaren Begegnungen mit der Seele aller Menschen und aller Schöpfung über unsere eigene Seele. Sie wissen noch nichts von der inneren Welt, wissen nicht, daß sie die wirkliche Welt ist. Wenn wir vordringen zu dieser Welt in uns, wenn wir seelisch lebendig werden, so bekommen wir Zugang zu der Seele aller Schöpfung, und damit ist die Begrenzung durch die Erscheinungswelt aufgehoben, und wir sind innerhalb des Vorhangs, den unsere Bewußtlosigkeit für unsere Seele aufgehängt hat zwischen uns und der wunderbaren Welt des göttlichen Seins. Die Berichte der Mystiker und Erleuchteten aller Zeiten und Völker haben von diesen Durchbrüchen in die Welt des Schöpfergeistes erzählt, ohne daß die Menschen erkannt haben, welche Bedeutung diese Berichte für uns alle haben, da sie von den zukünftigen Möglichkeiten menschlichen Lebens zeugen. Nichts ist für die Entwicklung des wahren Menschen wichtiger als die Berichte dieser Erleuchteten, denn sie geben uns die Hoffnung auf eine Erlösung des Menschen aus dem engen Raum seiner Vergänglichkeit, sie öffnen neue

Dimensionen, sie sprengen das Gefängnis des Verbleibens des Menschen in einem Person- und Zeitbewußtsein.

Wie kann es anders sein, als daß der Mensch als Geschöpf des allmächtigen Schöpfers, Träger seines Geistes, geschaffen aus dem ewigen Leben, das von Gott ausgeht, Zugang haben muß zu diesen Bereichen des ewigen Lebens? Daß er dieses noch nicht offenbart, ist kein Beweis für die Unfähigkeit des Menschen, diese Beziehung zu haben, sondern nur der Beweis für seine Bewußtlosigkeit gegenüber dieser Beziehung zu seiner Wahrheit als göttliches Wesen. Der Mensch ist noch unentdeckt und unerforscht, und die Entwicklung, die er anstrebt, seinen willkürlichen Geist immer mehr zu entfalten, führt ihn deshalb immer weiter ab von den Bereichen seiner Seele und somit von der Möglichkeit der Begegnung mit der Seele der Schöpfung. Beziehung zu der Seele als zu der spirituellen Wirklichkeit unseres Lebens kann nur diese Wirklichkeit selbst haben, weshalb es natürlich ist, daß der heutige Mensch in seiner Seelen-losigkeit solche über-sinnliche Beziehung als Illusion und als Wunschtraum abtut.

Aber die Zeit wird langsam reif für einen spirituellen Durchbruch, für die Entdeckung der Dimension unserer Seele, und damit beginnt eine neue Epoche in der Menschheitsentwicklung. Der wahre, der ganze Mensch wird entdeckt werden, und wir werden uns dessen bewußt werden, daß wir bis jetzt nur ein erbärmliches Teil-Leben gelebt haben. In einigen wenigen ist dieser Aufbruch zu einer neuen Dimension bereits erfolgt, und wir wissen, daß sie die Kontaktstelle sein werden für den Einbruch spirituellen Lebens, das aus dem großen Meer des Schöpfergeistes auf uns zuströmt. Viele lebendige Seelen aus dem Jenseits sind wirksam im Leben der Erwachten, um ihnen beizustehen in der großen Umwertung aller Werte, die bevorsteht.

Das ist das Wunderbare des Schöpfergeistes, daß sein Wirken unentwegt weitergeht, auch wenn wir es nicht erkennen können. Mit allen Menschen, die sich in Liebe dem inneren Geschehen zuwenden und die die unsichtbaren Kräfte entbinden, wächst das Potential spirituellen Lebens in unserer Welt, und eines Tages werden wir vor dem großen Durchbruch dieses Lebens zu dem Bewußtsein der Menschheit stehen, und dieser Durchbruch wird identisch sein mit dem Wiederkommen Christi, denn Christus ist der Schöpfergeist, und wenn er als unsere existentielle Wahrheit erkannt wird, ist Christus mitten unter uns. Er war nie abwesend, aber wir haben seine Anwesenheit nicht begriffen, weil wir gelebt haben in dem begrenzten Raum der Zeitlichkeit, bestrebt, unseren Geist zu entwickeln, anstatt ihn in den Dienst des Schöpfergeistes zu stellen. Es ist der Durchbruch zu diesem Geist in uns, der uns in die Enthüllung unserer Wahrheit hineinführt und unsere Macht als Kinder Gottes offenbaren wird, als Menschen in Christus.

8. „Ich Bin" ist das Wunderbare

Ich bin das Wunderbare. Die Seinskraft, das Leben aus dem göttlichen Urquell allen Lebens, ist das Wunderbare, das Schöpferprinzip, unsere innerste Wirklichkeit und Wahrheit. Auf diese Wirklichkeit, die in uns wirkt, ausgerichtet zu leben, uns damit zu verbinden, sie zu lieben und sie ständig in unser Bewußtsein zu heben, das erst ist zu leben. Wir haben die Fülle des Lebens, denn diese unsere Lebens-wirklichkeit, der Schöpfergeist, verbindet uns mit allen Offenbarungen dieses Geistes. Wir sind im Reiche Gottes, in dem Reich, wo der Schöpfergeist herrscht, und wir haben Zugang zu allen Kräften und Klarheiten dieses Reiches. Wer seine Wahrheit als in dem Schöpfergeist liegend erkennt, erkennt damit auch die Wahrheit allen Lebens als in diesem Geist liegend, und wer die Einheit gewinnt mit diesem Geist, ist eins mit allem Leben, das von diesem Geist ständig ausgeht.

Diese Einheit ist die Wiedergeburt, „ohne welche niemand wird Gott sehen." Gott zu sehen, Gott wahrzunehmen, ist unter der Bewirkung göttlichen Lebens in uns und um uns zu stehen, ist zu leben. Dieses Leben ist dem Menschen von dem Schöpfer gegeben worden, auf daß Er sich durch ihn in dieser Welt offenbaren kann, um diese Welt gott-erfüllt zu machen. Wir sind in allem, was wir sind, dieses Leben, unser

10478

Körper ist ein Tempel dieses göttlichen Seins und würde, wenn wir in diesem Sein bewußt lebten, eine Ausstrahlung seines Lichtes sein, eine Vermittlung des darin wirkenden ewigen Lebens. Jede Zelle würde über unser Gottesbewußtsein teilnehmen an den Lichtkräften des Schöpfergeistes, und die Verheißung Jesu ginge in Erfüllung: „Wer an mich glaubt, von des Leibe werden Ströme von lebendigem Wasser fließen." Der Leib wird zu einem Instrument des göttlichen Ursprungs, wenn wir mit diesem Ursprung verbunden sind, wie er auch ein Instrument unserer Vergänglichkeit wird, wenn wir unserem willkürlichen Geist verhaftet leben. Diese unterschiedliche Wirkung, die von den Menschen ausgeht, ist erklärbar durch die Verleiblichung der Bewußtseinsinhalte. Der Mensch ist sein Bewußtsein; was er in seinem Geist bewegt, bewegt jede Zelle seines Körpers. Wenn wir uns mit ganzer Seele unter die Ausstrahlung eines Menschen stellen und ihn auf uns wirken lassen, so werden wir erkennen, wes Geistes Kind er ist. Wir werden uns dann nicht von den äußeren Dingen irreführen, nicht von seiner Rede beeinflussen lassen, sondern mit geöffneter Seele nehmen wir seine Bewußtseinsinhalte auf und erkennen, aus welcher Ebene er lebt. Dieses ist bestimmend für unsere Beziehungen zueinander. Gleiches zieht Gleiches an, das Fremde stößt sich ab.

Die Lebendigkeit eines Menschen ist abhängig von seiner Verbindung mit dem Leben des Schöpfergeistes in sich. Wer nur aus seinem willkürlichen Geist lebt, vermittelt im eigentlichen Sinne kein Leben, denn nur der Schöpfergeist ist das Leben, das lebendig macht. Dieses führt zu der Erkenntnis der Unwirksamkeit der intellektuellen Bemühungen des Menschen, seine Welt zu ordnen und seine Mitmenschen wirklich zu beleben. Von dem Geist des Menschen geht keine das Wesentliche erweckende Kraft aus, wenn er keine Verbindung aufgenommen hat mit dem Schöpfergeist, wenn er nicht spirituell lebendig geworden ist. Dieses erklärt die für die Entwicklung des wahren Menschen bedeutungslose, in dieser Menschheit herrschende, willkürliche Geistigkeit. Die ganze Erziehung des Menschen ist angelegt auf die Entfaltung seines Intellekts, ohne Ausrichtung auf den Schöpfergeist, ohne eine geschöpfliche Richtigstellung vor dem Schöpfer. Der Mensch hat Gott abgesetzt, er gebärdet sich als Schöpfer seiner Welt, er verfügt über diese Schöpfung Gottes nach Gutdünken, und er kommt so unter den Fluch des verlorenen Sohnes. Die Wirkung dieses Menschen auf seine Umwelt hat keine das Wesentliche entbindende Kraft, sondern sie vertieft fortwährend die Sonderung des Menschen von seiner Wahrheit, treibt ihn ab von seiner Seele, von seiner Lebenswirklichkeit im Spirituellen.

Die Welt, die von diesem in seiner willkürlichen Geistigkeit lebenden Menschen aufgebaut wird, vergeht ständig, ohne daß der Mensch sich seiner Fehlhaltung dem Schöpfergeist gegenüber bewußt wird.

Er hält es für das Los des Menschen, irrezugehen und in seinem Leben Leid und Not zu haben. Daß seine Beziehungen zu den Mitmenschen wie zu der Schöpfung keine Lebens-beziehungen sind, ihn nicht innerlich bereichern und vertiefen, das hält er für natürlich und gegeben. Daß er außerhalb des wirklichen Lebens lebt, erkennt er nicht. Daß er nicht durch das Leben fortwährend Leben empfängt und Leben aussendet, daß er nicht zunimmt an Kraft und Weisheit, ist ihm nicht bewußt. Er nimmt stumpf hin, daß seine Erlebniskräfte mit den Jahren weniger werden, daß er immer beziehungsloser lebt zu den Menschen und zu der Schöpfung um sich, daß er körperlich schwächer wird, und er hält dieses für normal und gegeben, da ja alle Menschen in dieser Verminderung der Lebenskräfte stehen. Daß es an seiner Sonderung von seiner spirituellen Wirklichkeit liegt, daß er nicht Zugang hat zu dieser Wirklichkeit in seiner Umwelt, begreift der Mensch nicht. Der Mensch als die höchste Schöpfung Gottes in dieser Welt müßte, wenn er in sich heil wäre, die höchste Vermittlung schöpferischer Kräfte sein, wie er auch am tiefsten verbunden sein müßte mit der Kraft des Schöpfers in der Schöpfung.

Aber der Mensch lebt noch nicht aus seiner Wahrheit, die der Schöpfergeist in ihm ist. Das Ich Bin, das Leben Gottes, das in uns lebt, ist noch nicht erkannt und angenommen worden, deshalb diese unsere Ohnmacht und Unzulänglichkeit, einander zum Leben zu werden. Wir finden uns ab mit diesem erbärmlichen,

Unheil zeugenden Teil-Leben aus unserer Vergänglichkeit und Willkür und halten dieses Teil-Leben für das uns gegebene Leben in dieser Welt. Aber damit unterstellen wir dem Schöpfer eine unvollkommene Schöpfung, halten uns für unfähig, unseren geschöpflichen Sinn zu erfüllen und zum Heil unserer Welt zu werden. In uns liegt der Schöpfergeist, wartend auf unsere Bewußtwerdung seiner Gegenwart, um uns mit dem ewigen Leben zu erfüllen, um uns in Verbindung zu bringen mit allen Offenbarungen dieses Lebens, um uns in der Macht unserer Gotteskindschaft hervorkommen zu lassen, aber wir erkennen es nicht. Das Wunderbare unserer Schöpfung als von Gott geschaffen wartet auf unsere Annahme, auf daß wir unseren hohen Sinn erfüllen als Gott offenbarende Geschöpfe.

9. Solange wir nicht wahre Menschen werden, bleibt das Verhältnis zwischen Schöpfer und Geschöpf gestört

Es ist unbegreiflich, daß die Menschen durch ihre ständigen Nöte, durch ihre Mißerfolge und ihr Versagen, ihre Welt in die Ordnung hineinzuführen, nicht erkennen, daß ihnen etwas Wesentliches in ihrer Schöpfung fehlt und dieses nicht erkannt und nicht angenommen wird, daß sie in eine Fehlhaltung gegenüber der sinn-erfüllenden Kraft ihres Lebens hineingeraten sind, wodurch die Menschwerdung verhindert wird. Wenn ein Geschöpf nicht das wird, was der Schöpfer mit ihm gemeint hat, dann ist etwas im Verhältnis zwischen Schöpfer und Geschöpf gestört, dann ist das schöpferische Geschehen unterbrochen. Dieses erkennen wir in der Schöpfung um uns, und wir wissen, daß, wenn ein Tier oder eine Pflanze verkümmert, ohne zur Sinn-erfüllung zu kommen, dieses ein Zeichen ist für das gestörte Verhältnis zwischen der Schöpferkraft und der jeweiligen Schöpfung. Wir versuchen eifrig dahinterzukommen, was zu dieser unnatürlichen Unterbrechung des schöpferischen Ablaufs geführt hat, weil wir davon überzeugt sind, daß es natürlich ist, daß eine Schöpfung sich nach inneren Gesetzen entfaltet und ihren Sinn im Zusammenhang des Ganzen erfüllt.

In bezug auf den Menschen besteht diese selbstverständliche Annahme nicht, daß ein Geschöpf in sich die sinn-erfüllende Kraft besitzt, die es von einer Stufe zur anderen trägt bis zur Vollendung. Wir erleben unsere Unvollkommenheit, unsere Unmenschlichkeit, unser Versagen, das Gute zu bewirken und unseren geschöpflichen Auftrag zu erfüllen, als etwas Natürliches und halten die Menschen, die in der Hinwendung zu dem Schöpfergeist leben und in der Menschwerdung als in der Gottesoffenbarung durch sich stehen, für Ausnahmeerscheinungen menschlichen Lebens, für nicht mit uns vergleichbare, von der Gnade Gottes bevorzugte und erwählte Menschen. Wir sehen in ihnen nicht Vorbilder und Beispiele menschlichen Lebens und sind nicht eifrig in der Erforschung der Ursache ihres anderen Lebens. Wir bleiben beruhigt in der Sünde als in der Sonderung von der in unserer Schöpfung wesenden Kraft Gottes und halten es für unser Los, am Leben zu leiden, zu verderben und zu entarten, anstatt zu erkennen, daß wir aus dem Rhythmus des schöpferischen Geschehens gefallen sind und die Einheit mit dem Ursprung eingebüßt haben.

Solange diese Stumpfheit angesichts der Sinn-entfremdung unseres Lebens währt und wir uns beruhigt fühlen in der Gott-losigkeit, muß es so weitergehen in der Entfaltung eines uns zutiefst ungemäßen Pseudo-Lebens. Erst wenn wir wach werden für das Unnatürliche unseres Verderbens, erst wenn wir erkennen, daß alle unsere Nöte Zeichen dessen sind, daß uns etwas not tut, und wenn wir uns dessen bewußt werden, daß wir nicht geschöpflich vor dem Schöpfer richtiggestellt sind, sondern außerhalb seiner in uns wesenden Kraft leben, und erst wenn wir aus diesem Erkennen die Umkehr zu dieser Kraft vollziehen, kann es zu einer Heilung unseres un-heilen Daseins kommen.

10. Der Mensch ist betrogen um seine eigene Wahrheit

Der Mensch ist betrogen um seine eigene Wahrheit, er lebt unter dem Fluch der Selbstentfremdung, ohne Wissen um seine Urbeziehung zu dem göttlichen Ursprung seines Lebens und deshalb ohne Wissen um seine Zugehörigkeit zu allem aus dem Schöpfer hervorgegangenen Leben. Diese Beziehungslosigkeit erzeugt eine Leere, ein Vakuum, das stets ausgefüllt werden will, und der Mensch sucht es zu erfüllen mit der Vergänglichkeit dieser äußeren Welt. Je nach der Bildungsstufe des Menschen stehen die Mächte einer willkürlichen Geistigkeit bereit, dieses Vakuum zu füllen. Der Mensch wird übersättigt mit weltlichen Dingen, die ihn ablenken und zerstreuen und ihn der Täuschung anheimfallen lassen, daß sein Leben einen Sinn hat, daß er ein erfülltes Leben lebt. Das Vakuum, das entstanden ist durch seine Beziehungslosigkeit zu seiner Wahrheit, die der Schöpfergeist in ihm ist, verlangt nach Inhalt, und dieser wird ihm von allen Mächten dieser Welt angeboten, ohne daß dadurch jener Friede und jene Freude am Leben entstehen, die Zeugnis ablegen von einer wirklichen Erfüllung, von einem Erleben der Integration, der Einheit zwischen innen und außen, zwischen Schöpfergeist und Schöpfung.

So lebt der Mensch sich selbst im Wesenhaften ent-

10843

fremdet und ist dadurch verurteilt, dem Wesenhaften in der Schöpfung um sich entfremdet zu leben. Er lebt sich selbst entfremdet und sucht ständig, diesem Zustand zu entrinnen, indem er sich selbst Sinn und Ziel gibt, indem er sein Leben gestaltet nach seinem Willen und ihm mit den vergänglichen Dingen dieser Welt einen Inhalt zu geben versucht. Daß er dadurch nicht befriedigt werden kann, daß er nicht vollmächtig und mündig wird, läßt ihn zum Opfer von Angst und Unruhe werden, liefert ihn Depressionen, Erschöpfungen und Krankheiten aus, stürzt ihn hinein in das Erleben von Schuld und Sinn-losigkeit.

Der Mensch als Geschöpf ist von dem Schöpfergeist abhängig, um in seiner Schöpfung vollendet zu werden, und ohne das Erwachen zu diesem Geist und ohne die Hinwendung zu Ihm bleibt er einem Pseudo-Leben im Vergänglichen ausgeliefert, ständig in einem Vakuum lebend, das mit den Dingen dieser Welt zu füllen er vergebens bestrebt ist. Ein gigantisches Angebot von Vergänglichkeit steht ihm zur Verfügung, und jeder kann nach seinem Geschmack wählen. Aber alles, was uns angeboten wird, kann die Sehnsucht unserer Seele nach Einheit mit unserem Leben nicht befriedigen. Die Leere unseres Lebens kann nicht überwunden werden durch Arbeit und Vergnügen, sondern sie muß mit dem Leben aus dem Ursprung erfüllt werden, wir müssen angeschlossen leben an die Kraft, aus der wir geschaffen sind, auf daß sie sich durch uns offenbaren kann. Nur der in sich selbst im Wesenhaften ruhende

Mensch hat Zugang zu dem Wesen aller Schöpfung und bedarf keiner Ablenkung und keiner Zerstreuung, keiner Befreiung aus der Leere eines aus dem Ursprung geworfenen Pseudo-Lebens. Sein Leben ist mit seiner Wahrheit erfüllt und damit ohne Verlangen nach den Dingen, die in dieser Welt angeboten werden, um einen Sinn vorzutäuschen, um eine Leere zu füllen, die nur durch den Anschluß an den Schöpfergeist erfüllt werden kann.

Die Unruhe des Menschen, seine Angst vor dem Allein-sein, vor der Stille, läßt deutlich werden, daß er von seiner Wahrheit getrennt ist, daß er keine Geborgenheit, kein Zuhause hat in sich selbst. Dieser Zustand der Selbstentfremdung des Menschen steigert fortwährend das Angebot an Sensationen und Zerstreuungen dieser Welt, läßt eine gewaltige Industrie aufkommen, die nur darauf bedacht ist, den Menschen abzulenken von seiner Sonderung von dem allein Notwendigen, der Einheit mit seiner Wahrheit, dem Leben in der Verbindung mit dem Schöpfergeist. Der Mensch lebt außerhalb seines Wesens, er ist nicht geborgen in dem Schoß des Ursprungs, er hat kein organisches Leben, er erlebt nicht eine ständige Zunahme an Kraft und Weisheit, und dieser Zustand läßt ihn in Abhängigkeit kommen von den Mächten dieser Welt, macht ihn widerstandslos gegenüber den Versuchungen einer gott-losen Umwelt. Das ist das Los des verlorenen Sohnes, das Los der Selbstentfremdung.

Findet der Mensch den Weg zurück zum Ursprung, erlebt er seine eigene Wahrheit, so hat er die Ablenkungen und die Zerstreuungen dieser Welt überwunden und läßt sich nicht mehr von ihnen überwältigen. Er verbindet sich mit seinem Ursprung, und je inniger diese Verbindung wird, um so mehr erlebt der Mensch den Einstrom der Kräfte des Schöpfers in allen seinen Offenbarungen, und er hat die Fülle des Lebens. Das Vakuum ist gefüllt, die Leere ist überwunden, der Mensch ist zu Hause in sich selbst, und es bedarf zu seinem Glück nur des kontinuierlichen Ruhens im Sein, im Ursprung.

11. Wer seine Kindschaft zu Gott nicht erkennt, erkennt nicht seine wahre Identität

Der Mensch muß seine wahre Identität erobern, er muß durchstoßen zu der Erkenntnis, daß er Schöpfergeist in dieser Manifestation ist, und durch Meditation und Verinnerlichung muß er diesen Geist in sein Bewußtsein hereinnehmen, bis er fortwährend in diesem Bewußtsein lebt. Damit hätte er die Wiedergeburt erreicht, „ohne welche niemand wird Gott sehen". Damit ist gesagt, daß wir nicht das wirkliche Leben, das von Gott ausgeht, wahrnehmen können ohne die Wiedergeburt, die wir erkennen müssen als die Eroberung unserer wahren Identität. Wer sich selbst in seiner Urbeziehung zu Gott erkennt und das in ihm wesende Göttliche annimmt, ist wiedergeboren, hineingeboren in seine Wahrheit, und er steht somit in der Entfaltung seiner Macht als Kind Gottes, Erbe ewigen Lebens. Wer sich selbst nicht erkennt, wer um seine Wahrheit nicht weiß, wer ohne Identitätsbewußtsein lebt, vagabundiert in der Erscheinungswelt herum, anfällig für ihre Versuchungen, und er verliert seine Vollmacht und kennt seinen Standort nicht. Dieser Zustand ist der Zustand des verlorenen Sohnes, und er führt den Menschen mit Notwendigkeit hinein in das Verderben und die Entartung, liefert ihn der Sinn-losigkeit aus. Und wer sich selbst nicht erkennt, wer für seine wahre

11019

Identität bewußtlos ist, wie sollte er seine Mitmenschen in ihrer Wahrheit erkennen und sie um dieser Wahrheit willen lieben können?

Erkenne Dich selbst! Diese Aufforderung betrifft uns alle, denn ohne Selbsterkenntnis können wir uns in den Zusammenhang des Ganzen nicht einordnen. Ein Mensch, der das Bewußtsein verloren hat, ist hilflos und findet den Weg nach Hause nicht mehr. Dieses gilt im Äußeren wie im Inneren, im Körperlichen wie im Seelischen. Es genügt nicht, daß wir unseren Stand und unseren Wohnort in dieser Welt kennen, sondern wir müssen uns unserer geschöpflichen Wahrheit als Kinder des allmächtigen Schöpfers, Erben ewigen Lebens, bewußt werden. Wir bleiben heimatlos, ohne unsere Heimat in Gott zu finden, in jener Kraft unserer Seele, die ihren Ursprung in Ihm hat, der alles in allem ist.

Diese Heimatlosigkeit kennzeichnet alle Menschen in dieser Welt, mit Ausnahme derer, die wir Mystiker und Heilige nennen. Die Oberflächenbeziehungen des Menschen zu dem Leben um sich wurzeln in seinen Oberflächenbeziehungen zu ihm selbst. Der Mensch dringt nicht tiefer vor zu dem Geheimnis des Lebens um sich als wie er tief vorgedrungen ist zu seinem eigenen Geheimnis. Weil der Mensch ohne Beziehung zu seiner Seele lebt, lebt er ohne Beziehung zu der Seele seiner Mitmenschen wie zu der Schöpfung um sich. Wie soll ein Mensch, der seine wahre Identität nicht kennt, die Identität seines Nächsten erkennen?

Es gibt keine Möglichkeit für eine wirkliche und fruchtbare Beziehung zur Umwelt ohne das Erwachen des Menschen zu seiner Wahrheit und ohne die Einordnung in diese Wahrheit, die der Schöpfergeist in ihm ist. Wer diesen Geist in seiner Schöpfung als die primäre Wirklichkeit seines Lebens erkennt, erkennt ihn auch als die primäre Wirklichkeit in allem Lebendigen. Wer Ihm gegenüber bewußtlos lebt, lebt bewußtlos gegenüber allen seinen Manifestationen in der Schöpfung.

12. Das Ende der Macht aller Religionen wird kommen, wenn der Mensch in die Rückverbindung mit dem Schöpfer kommt

Das Ende der Macht aller Religionen und ihrer Herrschaft über die Menschen wird kommen, wenn die wahre Religio, die Rückverbindung des Menschen mit seiner spirituellen Wirklichkeit, einsetzt und der Mensch im Bewußtsein seiner unlösbaren Einheit mit seinem Ursprung lebt. Wenn der Schöpfergeist in das Leben des Menschen einbezogen ist und der Mensch sich als eine Offenbarung dieses Geistes erkennt und sich fortwährend zu Ihm bekennt, dann hat der Schöpfer die Herrschaft über sein Geschöpf Mensch erlangt und vollendet mit seiner Kraft diese von Ihm ausgegangene Schöpfung. Damit ist die Macht menschlich begrenzter Vor-stellungen und Lehren von Gott und Erlösung zu Ende, und der Mensch entfaltet die Macht seiner Kindschaft zu dem allmächtigen Schöpfer und schöpft aus der Unerschöpflichkeit des in ihm wesenden Schöpfergeistes. Die königliche Freiheit der Kinder Gottes wird dann offenbar werden und offenbart sich selbst durch den mit Ihm verbundenen Menschen. Dieser Mensch der Rückverbindung mit seinem Ursprung bekennt: „Ich und der Vater sind eins, wer mich sieht, der sieht den Vater, der mich gesandt hat."

Das ist das Geheimnis des wahren Menschen, des Menschen in Christus, daß er richtiggestellt lebt vor seinem Schöpfer, daß er sein Leben unter der Herrschaft des Schöpfergeistes lebt und sich als Organ und Werkzeug der in ihm wesenden Schöpferkraft erkennt. „Ich kann von mir selbst nichts tun. Der Sohn tut von sich selbst nichts;" das ist die Aussage des Menschen, der sich als eine Schöpfung Gottes erkennt und weiß, daß nur Gott das Werk, das Er geschaffen hat, vollenden kann. Von sich aus kann das Geschöpf sich nicht selbst Sinn und Ziel geben und nicht über sein Leben willkürlich verfügen, ohne der Sinn-losigkeit zu verfallen und die Menschwerdung im Sinne des Schöpfers zu unterbrechen als eine verpaßte Inkarnation des Schöpfergeistes.

Diese verhängnisvolle Unterbrechung des schöpferischen Geschehens im Leben des Menschen macht die Menschwerdung im Sinne des Schöpfers unmöglich, stellt den Menschen unter den Fluch des verlorenen Sohnes, einem ohnmächtigen, unter-menschlichen Pseudo-Leben ausgeliefert, das ihn zur Sinn-losigkeit verurteilt. Ohne die Einbeziehung der Kraft des Schöpfergeistes in sein Bewußtsein, ohne die geschöpfliche Richtigstellung vor dem Schöpfer und ohne die Einswerdung mit der allein menschbildenden Kraft des Schöpfers kann die Menschwerdung des Menschen nicht geschehen. Die Entwicklung des wahren Menschen kann erst einsetzen, wenn der Mensch die Erkenntnis seiner geschöpflichen Abhängigkeit von dem Schöpfergeist gewonnen hat und sich diesem Geist zuwendet, Ihn in sein Bewußtsein hereinnimmt.

Wir reden von der Evolution und trösten uns mit der Hoffnung, daß sie uns allmählich zu wahren Menschen machen wird, und wir erkennen nicht, daß jede Evolution voraussetzt, daß das Geschöpf in der Kraft des Ursprungs lebt und sich von dieser Kraft tragen läßt von einer Entfaltung zur anderen. Die Konzeption einer jeden Schöpfung liegt im Schöpfergeist, in der darin wesenden Seinskraft, und nur wenn das Geschöpf in dieser Kraft ruht, ist die Evolution möglich, die wir verstehen müssen als die harmonische Entfaltung der in allem Geschaffenen wirkenden Seinskraft. Das Ruhen im Sein, das wir erkennen müssen als das Ruhen in dem Leben, das uns lebt, in der Kraft des Schöpfers, aus der wir geschaffen sind, ist die Voraussetzung für die Evolution. Weil diese Kraft in uns west, ist die Menschwerdung nach dem Willen des Schöpfers möglich, aber nur dann, wenn der Mensch auf diese Kraft ausgerichtet lebt und sie ohne Unterlaß in sein Bewußtsein hereinbetet, auf daß sie sich auswirken kann.

Daß die ersehnte Evolution des Menschen unterbrochen ist, können wir an der unmenschlichen und immer tiefer in das Unheil abstürzenden Geschichte des Menschen ablesen. Abgesehen von einigen wenigen Menschen, die ehrfürchtig dem Schöpfergeist zugewandt lebten und leben und als Erleuchtete und Heilige bezeichnet werden, lebt die ganze Menschheit in dem Zustand der Selbstentfremdung und wird ein Opfer der herrschenden Mächte einer willkürlichen Geistigkeit und geht, ohne ihren geschöpflichen Sinn zu erfüllen, zu Grunde.

„Erkenne Dich selbst!“ Erkenne die Wahrheit, die in uns verborgen liegt, erkenne die Kraft, die diese wunderbare Schöpfung, die wir sind, geschaffen hat, und nimm die Verbindung mit ihr auf, begreife, daß nur in der Hinwendung zu ihr unsere Schöpfung ihre Möglichkeiten entfalten kann! Würden wir durchstoßen zu unserer spirituellen Wirklichkeit, würden wir angeschlossen leben an unsere Seele, so stünden wir in einer fortwährenden Entfaltung eines mit dem Ursprung verbundenen Lebens und kämen hervor in der Macht unserer Kindschaft zu Gott. „Sohn, alles was mein ist, ist Dein“, ist die überwältigende Aussage des Vaters an seinen zurückgekehrten Sohn. Solange aber der Sohn in der Sonderung von seinem Ursprung lebt und dem Wahn verfallen ist, daß er über seine Schöpfung willkürlich verfügen kann, solange ist die Evolution des Menschen unterbrochen, und wir erleben die zunehmende Entartung und das Verderben des Menschen. Von Geschlecht zu Geschlecht muß der Mensch un-menschlicher werden, wenn er ohne Verbindung mit seinem Ursprung lebt, wenn er in einer geschöpflichen Verkehrtheit verharrt und selbst nach Gutdünken sein Leben führt und gestaltet. Die Degeneration und das Verderben menschlichen Lebens, die schwindende Beziehung zu den Mitmenschen wie zu der Schöpfung, der Stumpfsinn im Erleben der Welt zeugen von der Unlebendigkeit des Menschen, von seiner

Unkenntnis um das Gesetz der Einheit allen Seins im Ursprung.

Aus dieser Sonderung von dem in uns wesenden Leben aus dem göttlichen Ursprung können uns nur das Aufwachen zum Bewußtsein dieses Lebens und seine fortgesetzte An-betung erlösen. Das ist die Umkehr zu unserer Wahrheit, die uns wahr macht, die Wiederherstellung der Harmonie zwischen innen und außen, die Richtigstellung vor dem Schöpfergeist, auf daß Er unsere Schöpfung vollenden kann.

13. Der Mensch in der Sonderung von seiner Wahrheit

Jeden Tag von neuem uns zu sammeln auf die Gegenwart der schöpferischen Intelligenz, die in uns Leben bewirkt und sie anbetend in unser Bewußtsein zu heben, das ist die Voraussetzung für das Wachsen unserer Verbindung mit ihr, bis wir in dem ständigen Wissen um unsere Wahrheit leben, die diese schöpferische Intelligenz ist und somit von ihr durchströmt werden. Unsere Bewußtwerdung der Kraft des Schöpfers in unserer Schöpfung und unsere Liebe zu dieser Kraft stellen die für die Erfüllung unseres geschöpflichen Sinns notwendige Synthese her und machen uns zu Menschen nach dem Willen des Schöpfers, Ihm zur Offenbarung. Diese Kraft Gottes ist ständig in unserer Schöpfung anwesend und ermöglicht jede Bewegung, jedes Wort, jeden Atemzug, aber wir leben ohne Bewußtsein für unsere Abhängigkeit von der Einheit mit ihr, dadurch kann sie ihr begonnenes Werk nicht fortsetzen und sich nicht selbst durch uns offenbaren. Wir nehmen unser Leben, das das Eigentum des Schöpfers ist, und stellen es in den Dienst unserer Willkür, verfügen darüber nach Gutdünken, spielen uns als Herren über diese Schöpfung Gottes auf und geraten dadurch mit Notwendigkeit unter den Fluch des verlorenen Sohnes, der Sinn-losigkeit ausgeliefert, verpaßte Inkarnationen des Schöpfergeistes.

 11139

Aus dieser Not der Selbstentfremdung und des Irrens im Vergänglichen und Willkürlichen kann uns, wie es im Gleichnis vom verlorenen Sohn berichtet wird, nur die Besinnung auf unsere Wahrheit als Söhne und Töchter Gottes erlösen. Wir müssen uns sehen, wie wir sind, Geschöpfe des unsichtbaren Schöpfers, Träger ewigen Lebens, und uns diesem Leben in uns hinwenden, es ständig in unser Bewußtsein hereinnehmen. Wir müssen aus aller uns verderbenden Bewußtlosigkeit für unsere geschöpfliche Abhängigkeit von dem Wirken des Schöpfergeistes in uns befreit werden und erkennen, daß nicht wir die Menschwerdung bewirken können, sondern allein die in unserer Schöpfung wesende Kraft des Schöpfers. Was der Schöpfergeist angefangen hat, kann nur Er vollenden, denn nur in Ihm liegt die Konzeption unserer Schöpfung und die Kraft ihrer Verwirklichung. So kann es für keinen Menschen einen anderen Weg zur Menschwerdung geben als die Ausrichtung seines Lebens auf die in seiner Schöpfung wesende schöpferische Intelligenz, die wir Gott nennen oder unsere Seele, das Absolute und Gewisse, die Kraft, aus der wir geschaffen sind, Christus in uns. „So jemand ist in Christus, so ist er eine neue Schöpfung; das Alte ist vergangen, etwas Neues ist geworden."

Was könnte also für uns von größerer Notwendigkeit sein als die tägliche Besinnung auf unsere Wahrheit, die die Gegenwart der Kraft Gottes in uns ist, auf daß diese Kraft in unser Leben hineinströmen kann oder besser gesagt, die Möglichkeit bekommt, ihre ständige Gegenwart zu entfalten und die Herrschaft in uns anzutreten. Unsere noch so ernsten Versuche, durch Einhaltung von Gesetzen und Moral und durch religiöse Gebote zur Erfüllung unseres geschöpflichen Sinns zu kommen als Gottes Kraft und Weisheit durch uns zu offenbaren, müssen scheitern, denn wer offenbart Gott außer Gott? Erst durch die Umkehr zu dem in uns wesenden ewigen Leben, erst durch den Glauben und durch die Hingabe an Christus in uns entbinden wir das in uns wesende göttliche Leben, und dieses bewirkt seine Offenbarung durch uns. Erst mit der bewußten Einheit mit dieser Wahrheit, erst mit unserer geschöpflichen Hinwendung zu dem Schöpferprinzip und mit unserer Gehorsamkeit vor seinen Forderungen beginnt die Entfaltung unserer Wahrheit als Kinder Gottes, Geschöpfe des ewigen Lebens.

Die Abwesenheit von dem allein Guten, dem Göttlichen, in unserem Geist, läßt uns böse werden, verkehrt, Unheil bewirkend, weil wir in uns unheil sind. Der Teufel ist der Mensch in der Sonderung von seiner Wahrheit, und von ihm können wir so beherrscht werden, daß unsere Welt teuflisch wird, zutiefst gottlos, allen Dämonen ausgeliefert als den verdichteten Mächten unserer Willkür und unserer geschöpflichen Verkehrtheit. Wir können so tief in den Abgrund der Selbstentfremdung fallen, daß wir uns identifizieren mit dem sogenannten Teufel, daß wir glauben, von ihm besessen zu sein und daß wir Opfer werden unserer Vor-stellungen von seiner ständigen Gegenwart. Nehmen wir den Glauben an das Böse an, halten wir es für eine Wirklichkeit, so werden wir von dem Teufel, dem Ungöttlichen, beherrscht und entfalten selbst die Mächte des Bösen. Aber das Böse ist nur die Abwesenheit von dem allein Guten, dem Göttlichen, in uns, und es löst sich in Nichts auf, wenn wir uns unserer Göttlichkeit bewußt werden und im Glauben an Christus in uns leben.

14. Wir brauchen nicht Theologie, sondern wahre Anthropologie

Nicht über die Theologie als über die sich widerstreitenden Vorstellungen der von Gottes Wirklichkeit in sich und um sich gesonderten Menschen können wir den Weg zu Gott finden, sondern allein über die Umkehr zu dieser Wirklichkeit in uns selbst. Nur das Göttliche kann aussagen über Gott, nur Gott offenbart Gott. Der Mensch ohne Erkenntnis seiner Wahrheit als Gottes Kraft in Manifestation und ohne Bekenntnis zu dieser Kraft ist unfähig, etwas über Gott auszusagen. Dieses erklärt die Unwirksamkeit aller Lehren und aller Dogmen, die die verschiedenen Religionen aufstellen und verfechten, den Menschen unter die verwandelnde Kraft des lebendigen Gottes zu stellen. Wir brauchen nicht Theologie, sondern wahre Anthropologie, um den Weg zu Gott zu finden. Erkennen wir uns als eine Schöpfung Gottes, von Ihm ausgegangen, Träger seiner Kraft und Weisheit, und bekennen wir uns zu Ihm, der alles in allem ist, so ermöglichen wir dieser Kraft Gottes, sich durch uns zu offenbaren. Weil diese Kraft in unserer Schöpfung anwesend ist, können wir unseren geschöpflichen Sinn erfüllen und zur Gottesoffenbarung werden, aber nur dann, wenn wir unsere geschöpfliche Abhängigkeit von dieser Gotteskraft in uns erkennen und wir uns zu ihr bekennen.

11262

Alles, was der Mensch über Gott aussagt, ohne zu der Erkenntnis seiner Wahrheit als Gottes Kraft in Offenbarung aufgewacht zu sein und ohne seine Ausrichtung auf diese seine Wahrheit, ist keine Aussage über Gottes Wirklichkeit, sondern eine Aussage über die ihm überlieferten Vor-stellungen seiner Religion von Gott und ist damit zutiefst irreführend. Nur Gott offenbart Gott, weshalb die Umkehr zu dem in unserer Schöpfung wesenden Göttlichen und die Einkehr in dieses Göttliche die Voraussetzungen dafür sind, daß wir etwas Göttliches vermitteln können. Erst wenn der heilige Schöpfergeist als unsere Wahrheit erkannt wird und wir uns mit Ihm verbinden, so daß Er durch uns wirken kann, sind wir in der Lage, etwas Wirkliches über Gott auszusagen. „Der Geist des Herrn ist bei mir, deshalb bin ich gesandt, Euch das Evangelium von dem Reich Gottes zu predigen", war die Aussage Jesu. Das Göttliche in ihm sagte aus über Gott.

Die tragische Geschichte der vielen Religionen und ihre Unfähigkeit, zur Heilung und Erlösung des Menschen aus seiner Sonderung von seiner Wahrheit beizutragen, beweist, daß hier nicht Gott am Werke ist, sondern der um Gott nicht wissende Mensch, der aus seiner willkürlichen Geistigkeit Vor-stellungen und Lehren von Gott fabriziert und die Menschen in den Dienst dieser Vorstellungen stellt. Es kann niemals mehrere Religionen von Gott geben, da Gott die alleinige Wirklichkeit in allem ist, was lebt, weshalb gerade die Vielfalt menschlicher Vor-stellungen von Gott uns den Beweis ihrer Unkenntnis um Gottes Wirklichkeit liefert. Die ungöttliche Geschichte dieser Religionen, ihre Bekämpfung anderer Religionen, ihr Autoritätsanspruch und ihre Herrschaft über die Menschen beweisen uns, daß hier nicht der heilige Geist des Schöpfers am Werke ist, sondern der von diesem Geist gesonderte Mensch.

Wahre Religio kennt keine Vorstellungen der verschiedenen Religionen von Gott, sondern sie ist der Durchbruch des Menschen zu der Wirklichkeit Gottes in allem Geschaffenen. Hier erkennt der Mensch Gott als alles in allem und betet Ihn deshalb in seiner eigenen und der Welt Schöpfung an. Wahre Religio kennt keine Begrenzung, keine Vormundschaft von religiösen Dogmen und Lehren, sie sieht in allem Geschaffenen das göttliche Geheimnis und bekennt sich in Liebe dazu, betet es an und wird von seinen Kräften und Klarheiten erfüllt. Hier wird nicht gefragt nach der Anhängerschaft zu einer Religion, sondern nach der Offenbarung des im Menschen wesenden Lebens aus Gott. Der Mensch der wahren Religio ist außerhalb aller menschlich begrenzten Vor-stellungen von Gott. Er erlebt seine Urbeziehung zu dem Schöpfer und bekennt sich zu dem Göttlichen in sich wie um sich. So sagt er aus über Gott, weil er Gott als sein Leben erkennt und sich zu Ihm bekennt. Das ist der Mensch in Christus, der heile Mensch, der zum Heil seiner Welt wird.

Dieser Mensch in Christus ist der Überwinder aller

menschlich begrenzten Vor-stellungen von Gott, der Überwinder der Religionen, der Überwinder aller theologischen Lehren von Gott. Indem er seine Wahrheit erkennt, erkennt er Gott, und indem er sich zu dieser Wahrheit bekennt, wird er zur Gottesoffenbarung. Wahre Religio ist das Ende der Macht aller Religionen, der Mensch in Christus ist der von allen herrschenden Vorstellungen des Menschen von Gott Erlöste, und er erfährt Gott als das Leben, das ihn und alles Lebendige ständig durchdringt und belebt. Er ist inwendig des Vorhangs, der aufgehängt wurde von den menschlichen Vorstellungen von Gott und uns trennt von der Wirklichkeit Gottes in unserer eigenen und der Welt Schöpfung. Für ihn ist Gott offenbar als alles in allem, als die Kraft aller Kräfte, als die Weisheit aller Weisheit, und er verbindet sich in ständiger Anbetung mit dieser Gotteskraft, und er wird davon erfüllt und erfährt den Frieden und die Freude im Heiligen Geist.

„Ihr werdet die Wahrheit erkennen, und die Wahrheit wird Euch frei machen", war die Aussage des Menschen in Christus. Und die Wahrheit allen Lebens ist Gott, der Urheber und Schöpfer allen Seins, und nur durch das Bekenntnis zu dieser Wahrheit werden wir die wahre Religio gewinnen und damit erlöst werden aus allen Mächten der herrschenden Religionen, unter denen die Menschen durch die Zeiten gelitten haben, in deren Dienst sie gezwungen und von denen sie bekämpft und getötet wurden, wenn sie diesen

Dienst verweigerten und diese Autorität nicht anerkannten. Wahre Selbsterkenntnis ist identisch mit wahrer Gotteserkenntnis, denn wenn Gott alles in allem ist, was können wir dann anderes sein als seine Kraft in dieser Offenbarung! Nur der Mensch, der uns zum Bewußtsein dieser Kraft erweckt, nur der Mensch in Christus, der uns zu Christus in uns führt, ist der wahre Nachfolger des Christusmenschen Jesus, und durch ihn werden wir befreit von allen theologischen Vorstellungen von einem Gott außerhalb unserer Schöpfung, und wir erleben, daß wir in uns selbst das Göttliche tragen, und nur in der Einheit mit diesem Göttlichen sind wir wahrhaft religiös als gottverbunden und werden zur Gottesoffenbarung.

15. Religionen entstehen und vergehen wieder

Solange der Mensch nicht erwacht ist zu seiner Wahrheit als Schöpfergeist in Offenbarung und sich nicht zu dieser Wahrheit bekennt, solange wird er von den Kräften dieser Wahrheit beunruhigt und bedrängt, solange erlebt er seine Unvollkommenheit und Gespaltenheit, seine Ohnmacht, das Gute als das Wahrhaftige zu tun. Und in diesem Zustand erfindet er Mythen und Symbole, betet er Götter an, stellt sich in den Dienst der etablierten Religionen, hoffend auf das Eingreifen der Mächte dieser angebeteten Götter, auf Hilfe und Beistand in der Not seiner Ungöttlichkeit. Er erkennt nicht die in seiner Schöpfung anwesende Gotteskraft zur Vollendung dieser Schöpfung, er wacht durch seine Not nicht auf zu dem Bewußtsein seiner geschöpflichen Zugehörigkeit zu dieser Kraft. Er setzt stumpf den Weg des verlorenen Sohnes fort, er verbleibt in der Sonderung von seiner existentiellen Wahrheit und erlebt nicht die Menschwerdung im Sinne des Schöpfers. Er wird dem Schöpfer und der Schöpfung den in ihm manifestierten Schöpfergeist schuldig, er bleibt unfähig, seinen geschöpflichen Auftrag im Zusammenhang des Ganzen zu erfüllen als Gott offenbarendes Geschöpf, als Verwirklicher des Reiches Gottes in dieser Welt.

In dieser Not der Selbstentfremdung verbleibend, sucht der Mensch außerhalb seiner Schöpfung nach jenen Mächten, die ihm zur Hilfe und zur Erlösung werden können, und er wird ein Opfer von religiösen wie von weltlichen Erlösungslehren, in deren Dienst er sich erschöpft, ohne jedoch die Entbindung seiner Gotteswirklichkeit zu erleben. Die vielen falschen Propheten, die dem Menschen das Heil versprechen, vertiefen die Sonderung von der allein erlösenden Kraft des Schöpfergeistes in seiner eigenen Schöpfung und verurteilen ihn zu der ihn verderbenden Gottlosigkeit mitten in allem Dienst an ohnmächtigen Lehren und Vorstellungen von Gott und Erlösung.

Bis auf den Tag der Entdeckung und der Einbeziehung der Kraft des Schöpfers im Menschen bleibt die Menschheit anfällig für alle Mächte, die ihr das Heil verheißen, seien sie religiöser oder profaner Art. Der Mensch lebt unter einem schmerzlichen Erleben seiner Schuld und seiner Unzulänglichkeit, solange er bewußtlos lebt für die Gegenwart des Schöpfergeistes in seiner Schöpfung, solange er seine geschöpfliche Beziehung zu diesem Geist nicht erkennt und nicht annimmt. Und aus diesem Schuldgefühl wird er ein Opfer aller derer, die sich als Erlöser und Wegweiser ausgeben und ihm das Heil versprechen, so er sich in den Dienst ihrer Lehren stellt und an sie glaubt. Welche Not und welches Verderben sind nicht entstanden aus diesen sich gegenseitig bekämpfenden Religionen und Ideologien, und wie haben sie dazu beigetragen, die Sonderung des Menschen von der in ihm wesenden und ihn allein erlösenden Kraft des Schöpfers zu vergrößern! Die Sehnsucht des Menschen nach Erlösung entspringt der Tatsache, daß die menschbildende Kraft des Schöpfers in ihm gebunden ist, in unbewußte Bereiche zurückgedrängt, und nur wenn diese Kraft im Leben des Menschen bewußt erkannt und in dieses Leben einbezogen wird, kann der Mensch seine Erlösung aus den Nöten der Sonderung davon erleben.

So erklären sich die Ohnmacht und das Unvermögen aller dieser angebotenen Erlösungslehren, dem Menschen zum Heil zu werden, als darin liegend, daß nichts anderes den Menschen heilen kann als nur die in seiner Schöpfung liegende Kraft des Schöpfergeistes, die da ist Christus in ihm. „Wer in Christus ist, ist gerecht" als vor dem Schöpfer richtiggestellt. Deshalb die Aufforderung, Christus zu leben, den Geist des Schöpfers in unserer Schöpfung zu erkennen und uns dazu zu bekennen. Keine noch so eifrige Hinwendung zu den Vor-stellungen der Menschen vom Heil und von der Erlösung, keine Anhängerschaft an Religionen oder Ideologien können zur Offenbarung des wahren Menschen führen. Dieser wahre Mensch ist eine Schöpfung des Schöpfers, und er kommt nicht hervor durch unsere Anstrengungen, nicht durch Einhalten von Geboten, die von Menschen ausgehen, nicht durch den Glauben an die uns von Menschen diktierten Lehren. Uns selbst in der Wahrheit zu erkennen, heißt Gott zu erkennen, und wenn wir uns zu dieser

Kraft in uns bekennen, sind wir erlöst aus aller Vormundschaft menschlicher Vorstellungen von Heil und Erlösung.

16. Der Mensch ist das unbekannte Wesen, solange er sich selbst nicht erforscht

Der Mensch ist das unbekannte Wesen, solange er sich selbst nicht erforscht, solange er nicht hineingeht in seine Schöpfung, um das Wunder und die Kraft anzuschauen, die da in ihm Leben bewirkt. Der Mensch, der eine lebendige Beziehung zu sich selbst hat, der bewußt des in ihm wirkenden Seins ist und sich diesem Sein hinwendet, erlebt eine Zunahme seiner Freude am Leben, er fühlt sich zu Hause in der Seinskraft, und er lebt im Glauben und im Vertrauen an die ständige Gegenwart dieser Kraft. Dieser Mensch ist vor seiner Wahrheit richtiggestellt, die diese Kraft ist, und er wächst hinein in die Macht seiner Zugehörigkeit zu ihr. Er ruht in sich selbst im Spirituellen, er ist im Frieden mit seinem Ursprung, und damit ist seine Wirkung in seiner Umwelt beruhigend und erlösend auf alle vorhandenen Spannungen und Konflikte.

Diese Einheit zwischen dem in uns wirkenden Schöpferprinzip und uns ist die Voraussetzung für ein vollmächtiges Leben. Wir sind als Geschöpfe von dem Schöpfergeist abhängig, um zu leben, weshalb die Ausrichtung auf diesen Geist das für uns allein Not-wendende ist. Der Versuch, aus unserem willkürlichen Geist heraus unser Leben zu führen und zu gestalten, muß scheitern, denn wir sind in der Gesamtheit unserer Schöpfung ein Werk des Schöpfergeistes, und nur seine Kraft macht uns zu Menschen, die ihren Sinn erfüllen als Ihn offenbarend. Ohne die Einbeziehung der Kraft des Schöpfers in unser Bewußtsein kann diese Kraft sich nicht in uns auswirken. Sie ist in uns, aber wir müssen auch in ihr sein, sollen wir in die Menschwerdung nach ihrer Konzeption hineinkommen.

Es ist die Bewußtlosigkeit für diese uns innewohnende Kraft des Schöpfers, die ihre volle Auswirkung verhindert. Der Glaube an Gott ist nicht ein Glaube an überlieferte Vorstellungen der Religionen von einem Gott außerhalb seiner Schöpfung, sondern er ist der Glaube an das Geheimnis des in seiner Schöpfung stets anwesenden Gottes. Wir sind seine Kraft in dieser individuellen Offenbarung, und hier ist der Ort der Liebe zu Gott und der Anbetung seiner ständigen Gegenwart. Weil der Mensch sich mit seiner Vergänglichkeit identifiziert, wird er von ihr bewirkt, und er entfaltet ein Teil-Leben, das ihn trennt von dem Einstrom schöpferischer Kräfte und Klarheiten. Aus der Not dieses Teil-Lebens entwickelt er Vor-stellungen von einem Gott, der durch seine Gebete bewirkt werden soll, in sein Leben einzugreifen und ihn aus der Not zu erretten.

Aber diesen Gott gibt es nicht, und so ist es erklärlich, daß alle eifrigen Gebete des Menschen und seine Gottesanrufungen nicht zu einem Eingreifen Gottes in sein Leben führen, ihn nicht in eine lebengebende Verbindung mit Gott hineinkommen lassen. Diese Verbindung kann nur hergestellt werden durch die Verinnerlichung des Menschen, durch sein Nach-innen-gehen, um die in seiner Schöpfung wirkende Schöpferkraft anzunehmen, sie in sein Bewußtsein hereinzunehmen und im Glauben und im Vertrauen an sie zu leben. Wer in dieser Kraft lebt und sie ohne Unterlaß anbetet, wird von ihr erfüllt, er wird im eigentlichen Sinne lebendig, denn diese Kraft ist das Leben in ihm, seine spirituelle Wirklichkeit. Sie steht uns immer zur Verfügung, sie wartet auf unsere Annahme, um uns mit allem zu versorgen, was wir für die Erfüllung unseres geschöpflichen Sinns brauchen. Würden wir uns jeden Augenblick mit ihr verbinden und sie zum Herrn unseres Lebens machen, so würden wir ohne Anstrengung von uns aus in die Macht unserer Kindschaft zu Gott hineinwachsen. Aber wir verbleiben stumpf in unserem Geist und verfügen nach Gutdünken über dieses Eigentum des Schöpfergeistes und erleben die Folgen dieser unserer geschöpflichen Verkehrtheit in Not und Verderben, Sinnlosigkeit und Tod.

Könnten wir doch erkennen, daß Gott unsere Lebensangelegenheit schlechthin ist und daß wir nur in der Einheit mit Ihm das uns gemäße Leben entfalten und zur Ausstrahlung des Lichts ewigen Lebens in dieser Welt werden können! Entspannt und gelassen in unserer spirituellen Wirklichkeit zu leben, ihrem Wirken hingegeben, von ihr alles erwartend, dieses wäre der Weg, der zu einer wahren Lebendigkeit führt und damit zur Gottesoffenbarung durch uns, denn Gott ist unser Leben, das uns von Entfaltung zu Entfaltung trägt, bis zur Offenbarung unserer göttlichen Natur. Die Erziehung des Menschen zu der Erkenntnis seiner Wahrheit als Gottes Kraft in dieser Manifestation ist für uns alle das allein Notwendige. Wer seine Wahrheit erkennt und annimmt, lebt geborgen in ihr, und alles Gute strömt ihm aus ihr zu und läßt ihn in seiner Göttlichkeit hervorkommen.

Die Aufforderung Jesu, unsere Sinne (unser Bewußtsein) zu ändern und an das Reich göttlichen Seins in uns zu glauben, ist identisch mit der Aufforderung, das in uns wesende ewige Leben, das von Gott ausgeht, zu erkennen und uns dazu zu bekennen. Durch die Verbindung mit diesem Leben werden wir in die Fülle seiner Kräfte hineinkommen, und unsere Freude am Da-Sein wird vollkommen werden. „Wer den Sohn Gottes hat, der hat das Leben, wer den Sohn Gottes nicht hat, der hat das Leben nicht.“ Dieses Wort bedeutet, daß wir in der Hinwendung zu unserer Gotteswirklichkeit leben und damit uns unserer Sohnschaft zu Gott bewußt werden müssen, denn wir sind Söhne und Töchter des lebendigen Gottes, aber solange wir es nicht erkennen, bleiben wir gesondert von unserem göttlichen Erbe, und wir vergehen in der Begrenzung durch ein vergängliches Pseudo-Leben.

Dieses veränderte Bewußtsein, diese Ausrichtung auf die in uns wesende Kraft Gottes entbindet sie und stellt uns hinein in das uns von Gott gegebene Leben, das das ewige Leben ist. Wer sich selbst wahrhaft erkennt, erkennt seine Göttlichkeit, denn da Gott alles in allem ist, so sind wir und alles Geschaffene göttlicher Natur. Und es gilt, diese Natur wirksam werden zu lassen, indem wir in der ständigen Anbetung ihrer Anwesenheit leben in unserer eigenen Schöpfung wie in der Schöpfung der Welt. Wir müssen erkennen, daß wir mitten in der überwältigenden Ausstrahlung göttlichen Seins leben und daß wir daran teilnehmen können durch unsere Liebe und unsere Anbetung ihrer Gegenwart.

17. Weil Gott ist, sind wir

Wenn der Mensch Gott erkennen würde als den Schöpfergeist, der sein Leben lebt, als die Kraft, die ihn belebt und erneuert, als die Weisheit, die die Funktionen seines Körpers lenkt, wie könnte er dann umhin, Gott über alles zu lieben, wie auch in Liebe allem Lebendigen um sich zugeneigt zu leben in der Erkenntnis, daß Gott hier anwesend ist? Aber dieses Bewußtsein, daß Gott alles in allem ist, daß Er der Urheber und Schöpfer alles dessen ist, was lebt, daß es seine Kraft ist, die unsere Augen sehen läßt und unseren Ohren das Hören ermöglicht, daß seine Gegenwart in unserer Schöpfung uns die Kraft gibt, uns in diese Welt einzuordnen, dieses Bewußtsein der nie aussetzenden Anwesenheit des Schöpfers in unserer eigenen und der Welt Schöpfung haben wir noch nicht erlangt. Wir leben eingeschlossen in dem engen Raum eines Person- und Vergänglichkeitsbewußtseins und verhindern selbst durch unsere Unwissenheit um das göttliche Geheimnis unseres Lebens den Einstrom des Schöpfergeistes in diese seine Schöpfung, die wir und alles Lebendige sind.

„Gott recht zu erkennen, ist ewiges Leben", denn das, was wir mit dem Wort Gott andeuten wollen, ist das Leben selbst, das ewige Leben, das ohne Anfang

11827

und ohne Ende in nie endendem Strom seine unerschöpfliche Kraft in Schöpfung auf Schöpfung hervorbringt. Weil Gott ist, ist Schöpfung und immer wieder Schöpfung, weil Gott ist, sind wir und sind diese unermeßlichen Welten, die immer neu entstehen und wieder vergehen. Absolut und ewig bleibend ist Gott, und da Gott alles in allem ist, ist seine Kraft in seinen Schöpfungen das ewige Leben, das den Mächten der Vergänglichkeit nicht ausgeliefert ist. Es kehrt aus den zeitlich begrenzten Manifestationen zu Gott zurück, nichts vergeht, was aus Gott entstanden ist, die Energien des Schöpfergeistes kennen den Tod nicht; dieser hat nur in der Erscheinungswelt seinen Platz.

Wenn wir nun Gott erkennen als das Leben, das uns schafft und erhält, wie sollten wir dann umhin können, Gott über alles zu lieben, von ganzem Herzen, von ganzer Seele und von allen unseren Kräften, da Er doch die Kraft ist, von deren Einstrom in unser Bewußtsein unsere Lebendigkeit und unsere Vollmacht abhängen, da Er die menschbildende Kraft ist, die die Erfüllung unseres geschöpflichen Sinns ermöglicht als diese Kraft durch uns offenbarend? Erst durch die Liebe zu dieser Gegenwart des Schöpfers in unserer Schöpfung, erst durch die Ausrichtung auf die Kraft, die uns lebt, werden wir von dieser Kraft erfüllt, wird unsere Schöpfung im eigentlichen Sinne lebendig, was identisch ist mit gotterfüllt. Wenn wir Gott recht erkennen als alles in allem, als die Lebenswirklichkeit in allem, was geschaffen ist, wie sollte es uns dann nicht mit unwiderstehlicher Kraft zu seiner Gegenwart in uns hinziehen, wie sollten wir nicht in Liebe entbrennen zu Ihm, der uns Leben gibt und unsere Menschwerdung bewirkt!

Haben wir nicht Gott immer geliebt, ohne zu erkennen, daß Er es war, der uns ansprach in allem, was unser Herz erfreute, in aller Schönheit dieser Welt, die uns anrührte und begeisterte, in unserer Liebe zu den Blumen und Bäumen, in unserer Anbetung des Sternenhimmels und der wärmenden Sonne, in unserer Bewunderung für die unsichtbare Kraft des kosmischen Geschehens und in allen diesen Begegnungen mit Menschen, die unsere Seele zum Schwingen brachten und jene Liebe auslösten, die die Schwerkraft der Vergänglichkeit aufhob und uns träumen ließ von der ewigen Einheit!

Es ist diese Anwesenheit des Schöpfers in seiner Schöpfung, die wir geliebt haben in allem, was wir je liebten. Mit der Anziehungskraft der Gleichartigkeit zog uns seine Kraft an in diesen unendlichen Manifestationen dieser Schöpfung, in der Er mit seiner Allgegenwart am Werke ist, ohne daß wir erkannten, daß Er es ist, der auf uns seine Anziehungskraft ausübt, weil wir seines Geistes sind, unlösbar mit Ihm verbunden durch unsere Schöpfung. Das göttliche Geheimnis unseres Lebens erlebt seine Beziehung zu allem, was lebt, denn da wir alle aus demselben Ursprung hervorgegangen sind, zieht es uns fortwährend zur Einheitsfindung.

Könnten wir aus dieser Bewußtlosigkeit gegenüber

der Anwesenheit der Kraft Gottes in allem, was lebt, aufwachen, so würden wir „mit diesen Augen unseres Fleisches“ Gott sehen. Wir wären dann im Zustand der Wiedergeburt als in dem Zustand des wirklichen Lebens schlechthin. Was wir jetzt nur in seltenen Augenblicken als eine plötzliche Begegnung mit dem dahinterliegenden Geheimnis des Lebens erleben und als ein Überflutet-Werden mit einer uns überwältigenden Freude am Da-Sein, würden wir im Zustand der Wiedergeburt kontinuierlich erleben. Wir wären dann „inwendig des Vorhangs“, vorgedrungen zu der Erkenntnis unserer existentiellen Wahrheit als Gottes Kraft und Weisheit in Offenbarung und deshalb auf eine natürliche Weise mit dieser Kraft in allen ihren Offenbarungen verbunden. Wir wären dann hier und jetzt im ewigen Leben.

18. Lebenselixier / Über-Mensch / Perpetuum mobile

Die Träume der Menschen von der Entdeckung eines Lebenselixiers, das sie belebt, verjüngt und heilt, oder auch die Sehnsucht nach dem Übermenschen oder nach dem Wiederkommen Christi, der das Reich Gottes in unserer Welt aufrichten wird, oder die Hoffnung auf die Erfindung eines Perpetuum mobile lassen deutlich werden, daß der Mensch unter dem Leiden seines jetzigen Pseudo-Lebens die Hoffnung lebendig hält auf ein Ereignis, das ihn aus der Enge dieses Lebens herausführt. In allen diesen Träumen sind es die in unbewußte Bereiche zurückgedrängten Kräfte seiner Seele, die ihn beunruhigen und die in seinem Bewußtsein Einlaß finden wollen. Der Mensch träumt seine eigene Wahrheit und gibt ihr fremde Namen, sucht sie im Außen anstatt in seinem Innern, er erfindet Götter, die er in fernen Himmeln vermutet, und er fabriziert aus seiner willkürlichen Geistigkeit Weltanschauungen, die ihn in das Heil hineinführen sollen. Götter und Propheten, Heilbringer und Revolutionäre kommen und gehen, ohne daß die Sehnsucht nach Erlösung aus dem Gefängnis eines zu engen Raumes unseres Lebens erfüllt wird. Neue Wege werden gesucht, neue Erlöser rufen ihr Heil aus, neue Religionen werden gegründet, aber alles bleibt beim Alten; der Mensch bleibt uner-

11883

löst, seiner Wahrheit entfremdet, dem Fluch des verlorenen Sohnes ausgeliefert.

Solange wir nicht unsere geschöpfliche Situation erkennen, die uns unweigerlich an die Kraft bindet, aus der wir geschaffen sind, und wir unsere Umkehr zu dieser Kraft nicht vollziehen, bleiben wir ein Opfer der falschen Lehren menschlichen Wahns von einer von außen kommenden Kraft, die uns magisch bewirkt und unsere Heilung herbeiführen soll. Immer liegt die Hoffnung auf eine Erlösung außerhalb uns, immer werden wir anfällig für die falschen Propheten, die mit ihren Ideen uns das Heil versprechen.

So wandert der Mensch von einer Erlösungslehre zur anderen und hält Ausschau nach Rettung aus seiner Not und wird immer wieder enttäuscht. Nichts von außen Kommendes kann ihn erlösen, denn schon die Tatsache, daß er erlöst werden soll, läßt deutlich werden, daß in ihm selbst etwas gebunden ist, das nach Erlösung ruft. Und dieses Etwas ist seine Seele, seine spirituelle Wirklichkeit, die in ihm in unbewußte Bereiche zurückgedrängte Schöpferkraft, und erst die Bewußtwerdung dieser Kraft, die Umkehr zu ihr und die Einkehr in sie werden die ersehnte Heilung bringen. Als der verlorene Sohn in seiner äußersten Bedrängnis und in der Erschöpfung aller seiner Mittel im Willkürlichen sich seiner Wahrheit er-innerte, sich seiner Urbeziehung zu dem Vater bewußt wurde und die Umkehr zu ihm vollzog, erlebte er, daß der Vater ihn sogleich in seine Arme nahm und ihn in sein Erbe einsetzte. In dem Bewußtsein des Vaters hatte es nie eine Trennung von dem Sohn gegeben, denn der Sohn entsprang dem Vater, und es bedurfte nur der Bewußtwerdung des Sohnes für seine Sohnschaft, um diese sofort wirksam werden zu lassen.

Dieses Gleichnis geht uns alle an, denn wir sind aus dem Schöpfergeist entstanden und tragen in uns das Erbe ewigen Lebens, aber wir haben das Bewußtsein verloren für diese unsere Gotteskindschaft und identifizieren uns mit unserer Vergänglichkeit, wir leben in dem engen Raum des Ego-bewußtseins und ernten alle verderblichen Folgen unserer Sonderung von unserem Ursprung. Die Versuche, die wir unternehmen, diese Folgen zu bekämpfen und mit unserem Geist Mittel und Wege zu finden, die Ordnung herzustellen, müssen scheitern, denn nur die Einheit mit der Kraft, aus der wir entstanden sind, kann uns das ersehnte Heil bringen, kann in uns die Kräfte schöpferischen Lebens entbinden. Es geht allein um die Bewußtwerdung unserer Wahrheit, um die Erkenntnis unserer geschöpflichen Abhängigkeit von der Kraft des Schöpfers, die wir sind in dieser Manifestation, und um die tägliche Ausrichtung unseres Lebens auf diese Kraft. Sie allein ist unser Heil, sie allein führt uns heraus aus dem engen Gefängnis eines Pseudo-Lebens, sie allein läßt uns hineinwachsen in die Macht unseres göttlichen Ursprungs. Sie ist das Lebenselixier, von dem wir träumen, sie ist die sich aus sich selbst bewegende Kraft, die wir ersehnen, sie ist Christus in uns, auf dessen Wiederkommen wir hoffen, sie wird den Über-menschen offenbaren, den wir verstehen müssen als den vor Gott richtiggestellten Menschen, den wahren Menschen schlechthin.

Wie ist es möglich, daß der Mensch diese Kraft noch nicht erkennt, obwohl immer wieder Menschen offenbar geworden sind, die von dieser Kraft erfüllt waren und schöpferisches Leben aus den Tiefen ihrer spirituellen Wirklichkeit schöpften? Die große Zahl der Mystiker und Erleuchteten, die als heilige und gottverbundene Menschen unter uns gelebt haben und noch leben, beweist, daß der Mensch Zugang hat zu Kräften und Klarheiten einer uns noch unbekannten und noch verschlossenen Dimension. Auch die genialen Menschen, die auf allen Gebieten schöpferisch wirken, müßten für uns ein Zeugnis dessen sein, daß der Mensch Zugang bekommen kann zu tieferen Bereichen des Lebens, und wir müßten zu erforschen versuchen, unter welchen Bedingungen eine solche Verbindung hergestellt werden kann. Da der Mensch Geschöpf ist und nicht Schöpfer seines Lebens, so ergibt sich daraus, daß eine Verbindung mit dem Schöpfergeist eintreten muß, um schöpferische Kräfte zu bewegen. Aus dieser Verbindung entsteht der schöpferische Mensch, er empfängt Leben aus dem Ursprung allen Lebens, aus dem Schöpfergeist. Diese Verbindung kann, ohne daß der Mensch bewußt erkennt, was mit ihm geschieht, eintreten und ihn gleichsam mit unbekannten Energien überfluten, ihn über sein gewohntes Leben hinaustragen und ihn als Instrument schöpferischer Kräfte auf dem jeweiligen Gebiet seiner Begabung benutzen. Nach solchen Durchbrüchen kann es geschehen, daß der Mensch wieder zurückfällt in seine Alltäglichkeit und seine Begrenzung, um vielleicht niemals wieder von schöpferischen Energien überwältigt zu werden.

Wir können anhand der wiederholten Offenbarung schöpferischer Menschen davon ausgehen, daß es dem Menschen gegeben ist, schöpferisch zu werden, wenn er nur den Weg der Verbindung mit dem Schöpferprinzip finden kann. Dazu gehört, daß er sich selbst erkennt als von dem Schöpfergeist ausgegangen, daß er durch seine Schöpfung mit Ihm verbunden ist und daß er die bewußte Hinwendung zu diesem Geist vollzieht. Ohne diese Einkehr in die Kraft, die uns lebt, kann diese Kraft sich nicht durch uns offenbaren, sei es, daß diese Einkehr bewußt oder auch unbewußt geschieht. Der Mensch wird schöpferisch durch den Kontakt mit dem schöpferischen Prinzip seines Lebens, durch den Einbruch des Schöpfergeistes in sein Bewußtsein. Wenn wir dieses erkennen, dann haben wir den Weg erkannt, der zu einem schöpferischen als wahrhaft lebendigen Leben führt. Das Lebenselixier liegt in unserer eigenen Schöpfung verborgen, das Perpetuum mobile ist uns über den Schöpfergeist mitgegeben worden, der Über-mensch schläft in den Tiefen des noch Unbewußten in uns, Christus ist die menschbildende Kraft des Schöpfers in uns, und wir müssen aufwachen zu der Erkenntnis unserer Urbeziehung zu dem allmächtigen, allgegenwärtigen Schöpfer und uns ausrichten auf seine Kraft in uns und diese Kraft über alles lieben, sie fortwährend in unser Bewußtsein hereinbeten. Dann wird diese Kraft uns verwandeln bis in alle Zellen unseres Körpers hinein, und wir werden ohne Anstrengung von uns aus hineinwachsen in die Macht unserer Sohnschaft und Tochterschaft zu Gott. Wir werden unsere Wahrheit erkennen, und diese Wahrheit wird uns frei machen.

19. Die Lichterlebnisse und Sternstunden unseres Lebens

Die Wiedergeburt ist der endgültige Durchbruch des Menschen zu seinem wahren Selbst, zu seiner Gotteswirklichkeit. Das Aufleuchten des inneren Lichtes, das der Mensch manchmal erlebt auf dem Weg nach innen und das ihn in dem Glauben bestärkt, daß dieses Licht in ihm west, ist noch nicht als die Wiedergeburt zu bezeichnen. Aus diesen Erlebnissen fällt der Mensch immer wieder „in die dunkle Nacht der Seele" zurück, erfährt er immer wieder dieses schmerzliche Herausfallen aus der Gnade Gottes als aus dem Leben aus seiner Gotteswirklichkeit. Das zur Gewohnheit gewordene Nicht-Leben im Vergänglichen, verhaftet dem Person- oder Vergänglichkeitsbewußtsein, zieht den Menschen wieder hinab in den unerleuchteten Zustand, in den Zustand des herrschenden Pseudo-Lebens der Menschheit, das ihn von allen Seiten umgibt.

Aber diese Erlebnisse eines plötzlichen Einbruchs einer anderen Dimension sind von entscheidender Bedeutung für unser Leben, und sie treiben uns vorwärts auf dem Weg zu der ersehnten Einheit. Wer einmal eine Berührung mit den tieferen Schichten seiner Schöpfung erlebt hat und von anderen Kräften erfüllt wurde, der kommt nicht mehr zur Ruhe im

9433

Bisherigen. Er ist sich dessen bewußt geworden, daß er nicht aus seiner Ganzheit lebt, daß er sich nicht erreicht hat im Wesen und deshalb auch in einer Beziehungslosigkeit zu dem Wesenhaften um sich lebt. Er ist erweckt worden zu der Tatsache, daß das Leben, das der Mensch jetzt Leben nennt, nur ein Teil-Leben ist, das nicht zur Erfüllung des geschöpflichen Sinns führen kann.

Diese seltsamen Erlebnisse eines Auftauchens innerer Kräfte und Klarheiten geschehen sicher öfters im Leben der Menschen, ohne daß diese sich dessen bewußt werden, daß sie Anrufe sind zur Umkehr und zur Einkehr in das grundsätzlich Andere, daß sie uns beweisen wollen, daß etwas in uns auf unsere Annahme wartet. Die meisten Menschen gehen beruhigt zur Tagesordnung über, ohne sich aufgefordert zu fühlen, dem Phänomen des Aufleuchtens ihrer Innenwelt nachzugehen. Nur wenige Menschen werden von dem Aufblitzen des inneren Lichtes so überwältigt, daß sie von nun an keine Ruhe und Befriedigung mehr im Bisherigen finden, sondern sich auf die Suche begeben nach Rückverbindung mit dem hier aufleuchtenden Leben aus einer anderen Dimension.

Der Zustand der Sonderung von unserer spirituellen Wirklichkeit hat uns aus den Bereichen schöpferischen Lebens verbannt, und wir haben aus unserem Ego ein Bewußtsein aufgebaut, das uns einengt im Vergänglichen. Wir leben bezogen auf die Erscheinungswelt, damit beschäftigt, unsere eigenen Vorstellungen und Wünsche zu befriedigen, absorbiert durch dieses Teil-Leben, eifrig bemüht, es zu bereichern und zu erweitern. Wir stellen uns in den Dienst unserer eigenen und der Welt willkürlichen Geistigkeit und halten unser Leben für sinn-voll, wenn es uns gelingt, Erfolg in unseren selbstgesetzten Aufgaben zu erzielen und eine gesicherte Existenz aufzubauen. Daß wir dabei nicht ganz glücklich werden, daß wir nicht im Frieden und in der Freude leben, sondern uns anstrengen und plagen müssen, halten wir für das natürliche Los unseres Lebens und finden uns damit ab.

Wenn nun plötzlich in diesem täglichen Ablauf unseres Lebens etwas wie ein Einbruch einer anderen Seinsweise sich ereignet und wir erschüttert werden von den in unbewußte Bereiche zurückgedrängten Kräften unserer spirituellen Wirklichkeit und wir gleichsam aus der Bahn des Gewohnten herausgeschleudert werden und erkennen, daß etwas in uns west, das wir nicht angenommen haben, dann müssen wir ein solches Geschehen als Gnade erkennen im Sinne des Durchbruchs zu einer höheren Ebene, und wehe uns, wenn wir ein solches Erlebnis nicht ernst nehmen! Es ist der Anruf zur Umkehr zu unserer Wahrheit, der Beginn eines Rückweges zu unserer vergessenen Heimat. Wenn wir mit großer Aufmerksamkeit diesen Aufbrüchen innerer Kräfte nachgehen, so erscheint es uns, daß sie sich ereignen, wenn wir außerhalb unseres täglichen Lebens sind, wenn wir gleichsam unser Ego verlassen haben und eine Entspannung in unserer Aktivität einsetzt. Wir befinden uns in einem Zustand der Ruhe, des Nicht-tuns, was die Voraussetzung schafft für den Einbruch unserer inneren Wirklichkeit in das leere Bewußtsein.

Wir werden eingeholt von unserem wahren Leben, das wir vergessen haben, das wir verdrängt haben zu Gunsten unseres Pseudo-Lebens. Es steht immer vor der Tür unseres Bewußtseins und klopft an, aber wir haben kein Ohr für dieses Klopfen, wir sind beschäftigt mit unserem kleinen Ego und stehen voll im Dienst an unserer Vergänglichkeit. So wartet unsere Seele geduldig auf einen günstigen Augenblick, wo sie mit ihren Lichtkräften in unser Bewußtsein hineinstrahlen und uns von ihrer Gegenwart Zeugnis ablegen kann. Aber wie selten erleben wir, daß das, was uns plötzlich wie eine Melodie oder ein Lichtstrahl trifft und uns mit Freude erfüllt, unser Lebensgefühl vertieft und erweitert! Es mögen Augenblicke nur sein, aber sie gehen uns nach wie eine Offenbarung aus einer anderen Welt, und wir wagen nicht einmal, darüber zu reden, so heilig und nur uns angehend erscheinen uns diese Licht-erlebnisse, diese Sternstunden unseres Lebens.

Sie sind Vorahnungen und Vorerlebnisse der Wiedergeburt, ohne daß wir sie als solche erkennen. Würden wir begreifen, daß hier unser wahres Selbst uns anrührt und anruft, daß wir an die Grenze zu unserer Seele herangekommen sind, daß wir von dem großen Leben, aus dem wir entstanden sind, angesprochen wurden, dann könnten wir uns nicht mehr im Bisherigen beruhigen. Dann wären wir erweckt worden zu unseren noch verborgenen Möglichkeiten und würden anfangen den Weg nach innen zu gehen, uns zu sammeln auf die vergessene Dimension unserer Seele und versuchen, sie aus dem Gefängnis unseres Pseudo-Lebens zu befreien. Diesen Weg nach innen haben die Menschen, die wir Mystiker und Erleuchtete nennen, eingeschlagen, und sie sind von einem Einbruch ihrer Seele in ihr Bewußtsein überwältigt worden, bis die Wiedergeburt eintrat, die endgültige Einheit mit ihrer Wahrheit. Wenn dieses erfolgt, ist der Mensch in das wirkliche Leben hineingekommen, er ist in die volle Erleuchtung hineingeboren, in das Licht seiner Seele. Dieses Licht ist eine feinstoffliche Substanz, eine Art Materie auf höherer Ebene, die die ganze Schöpfung des Menschen verwandelt und ihn bis in alle Zellen seines Körpers hinein erleuchtet, ihn hervorkommen läßt in seiner Wahrheit als Kind göttlichen Seins.

„Allen, die daran glauben und es annehmen, gibt es Macht, Kinder Gottes zu sein." Alle, die an das in ihnen aufleuchtende Licht ihrer Seele als an ihre spirituelle Wirklichkeit glauben und sich diesem Licht hinwenden, sich damit in eins setzen, werden Menschen einer anderen Ordnung und anderer Befugnisse. Sie sind wiedergeboren, hineingeboren in ihre Wahrheit, und damit gleichzeitig hineingeboren in die allem

Leben zugrunde liegende Wahrheit, die der Schöpfergeist ist. Sie sind die Kommenden, die Zukünftigen, die Menschen, die ihren Sinn erfüllen und das Licht des ewigen Lebens durch sich in die Welt hindurchlassen zur Erleuchtung und zur Überwindung der Finsternis eines Pseudo-Lebens.

20. Die drei Dimensionen unseres Lebens: Körper, Geist und Seele

Die drei Dimensionen unseres Lebens: Körper, Geist (Intellekt) und Seele (spirituelle Wirklichkeit) fallen auseinander, bilden keine Einheit. Wir leben gespalten, und aus dieser Spaltung entstehen alle unsere Ängste, Nöte, Depressionen, Erschöpfungen und Krankheiten. Unsere spirituelle Wirklichkeit, das göttliche Geheimnis unseres Lebens, der Logos, das Schöpferwort, ist nicht der Herr über seine Schöpfung, es durchdringt nicht unseren Körper und unseren Geist, sondern dieser Körper wie unser Geist entfalten ein Eigenleben, ohne Einbeziehung der Seele, und so entstehen Verwirrung, Disharmonie, ein ständiger innerer Konflikt, die uns ohnmächtig machen und die Sinnerfüllung unseres Lebens, die Gottesoffenbarung ist, verhindern. Wir sind aus der Mitte, aus dem Zentrum unserer Schöpfung, gefallen, wir leben nicht aus unserer Ganzheit, sondern wir entwickeln ein Teil-Leben, das uns unfähig macht, in die Einheit allen Lebens im Ursprung hineinzugehen.

Aus dieser inneren Verwirrung, aus dieser verhängnisvollen Spaltung unseres Lebens, müssen wir erlöst werden und geschöpflich vor der Kraft des Schöpfers richtiggestellt werden. Wir müssen zum vollen Bewußtsein der in uns wirkenden Kraft des Schöpfers aufwachen und erkennen, daß diese Kraft unseren Körper und unseren Geist geschaffen hat als Instrumente und Werkzeuge zu seiner Offenbarung und Verherrlichung. Der Körper und der Geist erhalten ihren Sinn und ihre Bedeutung für uns selbst wie für das Ganze nur in der Unterordnung unter unsere Seele, die wir verstehen müssen als die Kraft des Schöpfers in uns, als das Leben aus Gott, das uns erst lebendig macht. Es ist dieses Leben, das uns eint mit allen Offenbarungen dieses Lebens und uns dadurch in die Fülle des Lebens hineinkommen läßt und uns die vollkommene Freude gibt. Wir sind immer und überall im Reiche Gottes, wenn wir aus dem Göttlichen in uns leben, wenn unsere Seele uns mit der Seele aller Dinge verbindet. Dieser Zustand ist die Wiedergeburt, ohne welche wir Gott (das Leben) nicht sehen können. Das Leben in der Enge unseres Körpers und unseres Geistes ist das außerparadiesische Leben, das uns verurteilt zu Not, Verderben, Sinnlosigkeit und Tod.

Die übergeordnete Bedeutung unserer Seele für unser Leben in dieser Welt läßt Jesus aufleuchten in dem Wort: „Was nützt es einem Menschen, wenn er die ganze Welt gewinnt und seine Seele verliert?“ Die Seele ist erst das uns Beseelende und Belebende, sie ist die Kontaktstelle mit der Seele aller Schöpfung. Wenn unsere Seele in unser Leben einbezogen ist, so sind wir erst Menschen im Sinne des Schöpfers, Ihm zur Offenbarung. Ein seelisch lebendiger Mensch ist die größte Heilkraft dieser Welt, denn er vermittelt das Heilige, das Göttliche. Von seinem Leibe gehen „Ströme von lebendigem Wasser aus“, er hat die Macht der Erweckung der Menschen zu ihrer Wahrheit, er stellt sie vor das verschüttete Geheimnis ihrer eigenen Gotteswirklichkeit, er gibt ihnen ihren Wert zurück als Kinder des lebendigen Gottes, als Erben des Himmels. Was ist köstlicher als eine lebendige Seele, was kann uns in den Tiefen unseres Wesens erwecken, wenn nicht der Mensch, der aus diesen Tiefen in sich lebt? Nur der heile Mensch stellt uns vor unser eigenes Heil, erweckt uns zum Bewußtsein dessen, wer wir eigentlich sind: Geschöpfe des allmächtigen Schöpfers, teilhaftig durch unsere Schöpfung des Ewigen Lebens.

Mit der Erweckung zu unserer Seele und mit dem Leben im Bewußtsein ihrer ständigen Gegenwart werden Körper und Geist verwandelt, und hierdurch kann das Göttliche zur Offenbarung in dieser Welt kommen. Ein von der Kraft einer lebendigen Seele erfüllter Körper ist ein erleuchteter Körper, und er sendet fortwährend heilende Kräfte aus. Er beseelt seine Umwelt, er verbreitet eine Atmosphäre von Licht und Liebe, von Wärme und Heilkraft um sich, und er erweckt seine Mitmenschen zum Bewußtsein ihrer eigenen Seele. Sein Wissen um diese Gotteswirklichkeit im Menschen, sein Glaube an die in allem Geschaffenen wesende Kraft des Schöpfers ist das Heilende, das Erlösende. Er läßt sich nicht irremachen von dem gegenwärtigen Zustand der Sonderung des Menschen von seiner Seele, sondern er bleibt unerschütterlich im Glauben an diese menschbildende Kraft des Schöpfers in jedem Menschen, und er erweckt sie durch seine Liebe und seinen Glauben daran.

Es ist eine auf das Heilende ausrichtende Kraft, die ständig von denen ausgeht, die im Bewußtsein der göttlichen Gegenwart in allem Geschaffenen leben und daran glauben. Sie wissen, daß der Mensch ohne Einbeziehung seiner Seele nicht anders kann, als zu irren und ein Opfer seiner Unheilheit zu werden. Der Körper und der Verstand werden in den Dienst der Willkür und des Eigensinns gestellt, wenn der Mensch geschöpflich verkehrt lebt und seine Seele nicht als seine Lebenswirklichkeit erkennt, die ihn wirklich und vollmächtig macht. In diesem Zustand entfaltet sich ein Pseudo-Leben, das den Menschen unfähig macht, seinen geschöpflichen Sinn zu erfüllen. Die Unheil zeugende Geschichte der Menschheit beweist die Bewußtlosigkeit des Menschen für das Heilige in ihm, das da ist seine Seele. Ohne die Einheit mit ihr ist der Mensch kein Mensch im Sinne der Gottheit. Erst mit der Bewußtwerdung unserer Gotteswirklichkeit und der Unterordnung des Körpers und des Geistes unter ihr Wirken beginnt die Entfaltung des wahren Menschen, des Kindes Gottes, das zur Verwirklichung des Reiches Gottes werden kann, weil Gottes Kraft durch es wirkt. Der Mensch, der seiner Seele zugewandt lebt, ist hier und jetzt im Reiche Gottes, und er vermittelt seine Kräfte und Klarheiten.

21. Wir registrieren mit unserem Geist die Schöpfung, aber wir erleben sie nicht

Die Vergeistigung als die Verlebendigung unseres Körpers ist nur durch den Anschluß an den Schöpfergeist möglich, weshalb unsere Sammlung auf diesen Geist das für uns Not-wendige ist, sollen wir Menschen werden im Sinne dieses Geistes, Ihm zur Offenbarung. Wir müssen Christus in uns erkennen und uns zu Ihm bekennen, wir müssen den Zustand der Anbetung dieser unserer existentiellen Wahrheit ohne Unterlaß erlangen, bis wir die Wiedergeburt erreichen, das ständige Ruhen in dem Schöpfergeist. Dann erst leben wir das uns gemäße Leben, dann erst sind wir angeschlossen an unsere Wahrheit als Kinder dieses Geistes, und wir erleben die Erlösung aus dem Zustand eines vergänglichen Pseudo-Lebens. Wenn wir im Sein ruhen, so strahlen wir durch uns seine schöpferischen Kräfte aus und erfüllen so unseren geschöpflichen Sinn, wie wir auch durch diese Hinwendung zu dem Sein in unserer eigenen Schöpfung Zugang haben zu seinen Kräften in allem Geschaffenen. Dann haben wir die Fülle des Lebens, und unsere Freude am Da-Sein ist vollkommen. Wir erleben uns als vergeistigt, als vom Schöpfergeist erfüllt, und damit als wahrhaft lebendig.

Diesen Zustand der Einheit mit dem Schöpfergeist

lebt uns die ganze Schöpfung um uns vor. Wir erleben hier die Ausstrahlung schöpferischer Kräfte, wir werden belebt und beseelt von dem hier ausgehenden Leben aus dem Ursprung. Blumen und Bäume, Gräser und Kräuter vermitteln die in ihnen wirkenden Schöpferkräfte, Regen und Wind, Sonne und Luft sind notwendig für unser Wohlbefinden, denn durch sie strömen die Kräfte des Seins aus. Wenn wir auch nicht bewußt des hier wirkenden Lebens aus dem Ursprung sind, so wirkt dieses Leben dennoch auf uns ein und belebt und erneuert uns. Der hier manifestierte Geist des Schöpfers ist das uns Belebende, und wir werden mit der Anziehungskraft des Bezuges zu ihm angezogen.

Welcher Mensch kennt nicht die Heilkraft der Natur, welcher Mensch fühlt sich nicht entspannt und regeneriert von den lebendigen Dingen der Schöpfung? Je lebendiger unsere Seele wird, um so stärker sind unsere Erlebniskräfte für die Seele der Schöpfung. Leben wir aber verlagert in eine willkürliche Geistigkeit, ohne Zugang zu dem Schöpfergeist, der alles in allem ist, dann ist uns der Zugang zu dem Geheimnis der Schöpferkraft in der uns umgebenden Schöpfung versperrt, und wir registrieren mit unserem Geist die Schöpfung, aber wir erleben sie nicht, wir nehmen an ihrem Leben aus dem Ursprung nicht bewußt teil. Unbewußt werden wir davon bewirkt, denn wir verbinden uns über die Sinne mit dem Über-sinnlichen, wir atmen die Kräfte des Leben ein, wir nehmen über das Auge die Schönheit der Schöpfung auf, und dieses alles führt uns neue Kräfte zu, läßt uns belebt werden, ohne daß wir in bewußter Hinwendung dazu leben. Aber eine gänzlich andere Situation tritt ein, wenn wir seelisch lebendig werden, wenn wir bewußt des Seins in uns und um uns leben und uns in Liebe und Anbetung damit verbinden. Die Erkenntnis der in uns wirkenden Schöpferkraft und die Sammlung auf sie machen uns wahrhaft lebendig, machen uns schöpfergeist-erfüllt. Gleichwie jede Blume und jeder Baum in ihren Wurzeln bleiben müssen, um sich nach ihren Möglichkeiten zu entfalten, um aufzublühen und Früchte zu tragen, also muß auch der Mensch in seinem Ursprung verbleiben, er muß bewußt des Seins leben, verbunden mit dem Schöpfergeist, er muß aus Ihm seine Kräfte schöpfen, sollen die in ihm wesenden Schöpferkräfte sich entfalten und sich durch ihn offenbaren können.

Das ist die Voraussetzung für ein vollmächtiges Leben, daß es aus dem Schöpfer gelebt wird, daß es aus seinem Ursprung sein Leben schöpft und nicht aus der Verbindung damit herausfällt. Das Verbleiben in der Enge der äußeren Erscheinung, abgeschnitten von dem Ursprung, führt zum Tode, zu einem unfruchtbaren Nicht-Leben, das seinen geschöpflichen Sinn nicht erfüllen kann. Dieses gilt für alles geschöpfliche Leben, auf welcher Stufe auch immer. Der Mensch ist hier keine Ausnahme, auch er muß mit seinem Ursprung verbunden leben, im Glauben und im Vertrauen an sein Wirken in sich, in Liebe und Anbetung verbunden mit dem Geist des Schöpfers in seiner Schöpfung. Dieses allein führt zur Menschwerdung als zur Ausstrahlung schöpferischen Lebens durch uns.

Wie sollen wir vergeistigt werden, wenn wir nicht dem Schöpfergeist zugewandt leben, der alles in allem ist? Wie sollen wir Leben aus dem Ursprung ausstrahlen können, wenn wir nicht bewußt dieses Leben, das in uns west, annehmen und uns damit in Liebe verbinden? Was in uns hineingelegt ist, muß durch unsere Hinwendung dazu entbunden werden, was wir wesenhaft sind als aus dem Schöpfer und seiner Kraft entstanden, will von uns bewußt erkannt werden, wir müssen uns damit vereinigen, auf daß der Schöpfer sein Werk mit uns fortsetzen und unsere Schöpfung vergeistigen, sie lebendig und vollmächtig machen kann. Das Geschöpf kann sich selbst nicht vollenden, es kennt seine Konzeption nicht, es ist abhängig von dem Wirken der Schöpferkraft, aus der es geschaffen ist und die allein die Möglichkeit der Verwirklichung seines Sinns in sich trägt, weshalb die Einheit mit dieser Kraft die Voraussetzung für das wirkliche Leben schlechthin ist. Ob wir diese Kraft Gott nennen oder Atman, Brahman oder Schöpfergeist, ist belanglos und hängt von den überlieferten religiösen Vorstellungen ab, unter denen wir erzogen werden; aber die Kraft des Schöpfers ist nur eine, und sie ist alles in allem. „In ihr leben wir und bewegen wir uns und haben unser Sein.“ Was ist also notwendiger als die

Bewußtwerdung ihrer Gegenwart in uns und um uns, als unsere liebende Anbetung und unsere tägliche Sammlung auf sie, die unser Leben bewirkt!

Es ist eine Lebensangelegenheit, mit dieser Kraft des Schöpfers in uns verbunden zu leben, es ist unsere Aufgabe, sie in uns zum Wirken kommen zu lassen. Es gibt keinen anderen Weg zur Erfüllung unseres geschöpflichen Sinns als die Einkehr in unsere Seele als in unsere spirituelle Wirklichkeit, in den Schöpfergeist. Die Anbetung ihrer Gegenwart in uns ohne Unterlaß wird uns erst wahrhaft lebendig machen, denn sie ist das Leben, das uns lebt.

22. Wo Leben sich regt, ist die Kraft des Schöpfers am Werke

Da Gott alles in allem ist, so ist die Liebe zu Gott identisch mit der Liebe zu allem Geschaffenen, weil alles Geschaffene Träger der Kraft Gottes ist. Wo Leben sich regt, ist diese Kraft des Schöpfers am Werke, und hier ist der Ort der Verbindung mit Ihm, der alles in allem ist. Über diese Kraft in unserer eigenen Schöpfung stehen wir in Verbindung mit dieser Kraft in allen ihren Offenbarungen, weshalb die Bewußtwerdung dieser Kraft in uns und ihre Einbeziehung in unser Leben die Voraussetzung ist für das Erleben unserer Einheit mit allem, was lebt. Dieses Erleben der Einheit ist die Liebe, jene Liebe, die nicht das Ihrige sucht, sondern immer und überall die Synthese mit dem göttlichen Ursprung.

Wer sich selbst erkennt als Gottes Kraft in Manifestation und sich mit dieser Kraft bewußt verbindet, aus ihr sein Leben schöpft, ist innerhalb des Reiches Gottes als des Reiches, wo der Schöpfergeist der Herr ist. Dieser Mensch steht in einer unsichtbaren Beziehung zu den Energien der ihn umgebenden Schöpfung, und er erlebt das Wachsen seiner Lebendigkeit. Er ist in sein Wesenhaftes eingedrungen, und deshalb erlebt er seine im Wesenhaften begründete Einheit mit allem Geschaffenen. Dieser Mensch ist erst der wahre, von Gott gewollte Mensch, der Mensch in Christus, der schöpfergeist-erfüllte Mensch, und er vermag erlösend und erweckend auf die auch in unserer Schöpfung wesende Kraft des Schöpfers zu wirken.

Wenn wir dieses erkennen, daß Gott alles in allem ist, so können wir uns selbst nicht ausschließen aus unserer geschöpflichen Beziehung zu Gott, sondern wir werden uns unserer Göttlichkeit bewußt, und wir nehmen sie an, und damit erleben wir, daß wir eingebettet sind in einer unlösbaren Einheit allen Seins im Ursprung. Die in uns wesende Kraft Gottes verbindet uns mit allen Offenbarungen dieser Kraft, und diese Verbindung ist die Liebe, von der Johannes sagt: „Wer in der Liebe ist, ist in Gott und Gott in ihm." Diese Liebe ist die von selbst eintretende Synthese im wahrhaft Lebendigen, sie ist identisch mit dem Zustand des Lebens aus dem Ursprung. Sie kann erst offenbar werden, wenn der Mensch seine geschöpfliche Richtigstellung vor dem Schöpfer eingenommen hat, wenn er sich erkennt als Träger der Kraft des Schöpfers zur Vollendung dieser Schöpfung.

Daß Menschen unter uns leben, die diese Beziehung zu dem Schöpfergeist manchmal erleben und schöpferisch werden, ohne sich dieses Geistes in ihrer Schöpfung bewußt zu sein, liegt an ihrer Empfänglichkeit für die Anwesenheit dieses Geistes in sich. Sie leben gleichsam näher dem Geheimnis ihrer Urbeziehung zu diesem Geist, sie werden transparent für seine Lichtkräfte, und so werden sie auf dem Gebiet ihrer

Begabung schöpferisch. Sie erleben eine plötzliche Rückverbindung mit ihrer spirituellen Wirklichkeit, und diese löst schöpferisches Leben aus. Ist diese Verbindung sehr stark, so reden wir von einem genialen Menschen und bewundern ihn als einen von Gott Begnadeten, auf dem jeweiligen Gebiet seiner Begabung. Wir erkennen nicht, daß hier der Zustand des uns von Gott gegebenen Lebens eingetreten ist, daß der schöpferische Mensch erst der wahrhaft lebendige Mensch ist. Wir sind geschaffen, um dieses schöpferische, von dem Schöpfer ausgehende Leben zu offenbaren, denn es gibt kein anderes Leben. Was wir in der Bewußtlosigkeit für dieses Leben Leben nennen, ist unsere Sonderung von dem Schöpfergeist, unsere Unwissenheit, daß wir dieser Geist sind in Offenbarung.

Durch diese unsere Urbeziehung zu dem Schöpfergeist müssen wir erkennen, daß jeder Mensch Träger schöpferischer Kräfte und Klarheiten ist. Nur können diese Kräfte nicht in seinem Leben wirksam werden, solange der Mensch ohne Bewußtsein für ihre Anwesenheit in seiner Schöpfung lebt und auch ohne Durchlässigkeit für ihren Einstrom in sein Leben ist. Der in seinem Teil-Leben im Vergänglichen fixierte Mensch ist unschöpferisch, er lebt im Gefängnis seiner Bewußtlosigkeit für seine Wahrheit, er erkennt nicht, daß er als Geschöpf unmittelbaren Zugang hat zu dem Schöpfergeist und daß er in der Verbindung mit diesem Geist leben muß, um wahrhaft lebendig zu werden.

Das Geschöpf kann nicht von sich aus schöpferisch werden, sondern es muß mit seinem Urheber und Schöpfer in Verbindung bleiben, auf daß Er mit seiner Kraft es bewirkt und dadurch der Strom schöpferischer Kräfte nicht unterbrochen wird. Gleichwie ein Baum nicht ohne den Anschluß an die in ihm wirkende Wachstumskraft gedeihen kann, nicht ohne Wurzeln sich zu entfalten vermag, also kann auch das Geschöpf Mensch nicht ohne die bewußte Verbindung mit seinem Ursprung sich schöpferisch entwickeln und zur Offenbarung des Schöpfers werden.

23. Wenn wir unseren Geist auf etwas richten, so tritt eine Verbindung mit den darin wesenden Energien ein

Sobald der Mensch seinen Geist und seine Aufmerksamkeit auf etwas richtet, sei es außerhalb seiner eigenen Schöpfung oder innerhalb dieser Schöpfung, so tritt eine Verbindung mit den darin wesenden Lebens-energien ein, die ihn beleben und befruchten, je nach der Intensität und der Kraft seiner Konzentration auf das Betreffende. Alles, was der Mensch aus sich selbst oder seiner Umwelt herausholt, ist eine Folge seiner Hinwendung zu den Kräften, die sich hier manifestiert haben. Ein teilnahmsloser Mensch bleibt stumpf und vermag nicht, diese Kräfte des in allem wesenden Seins zu entbinden. Dieser Mangel an Bewußtheit und Anteilnahme an den in allem Lebendigen wesenden Seinskräften führt zur Frustration, verhindert die lebengebende Wechselbeziehung mit der unsichtbaren Schöpferkraft, die in uns selbst und in der Schöpfung um uns auf unsere Hinwendung und Liebe wartet, um uns zu beleben und zu beseelen.

Ein Aufwachen zu dieser Erkenntnis unserer Zugehörigkeit zu der Schöpferkraft, die in allem Geschaffenen am Werke ist, und unsere bewußte Hinwendung zu dem uns ansprechenden Leben in jedem Augenblick und unsere Sammlung darauf sind die Voraussetzung für die Lebendigkeit unserer Schöpfung. Je intensiver wir gerichtet leben auf diese Kraft des Schöpfers, die uns und aller Schöpfung innewohnt, und je mehr wir sie in unser Bewußtsein hereinnehmen, uns damit in Liebe verbinden, um so mehr erleben wir die Entbindung dieser Kraft in unserer eigenen und der Welt Schöpfung und vermehren dadurch fortwährend unsere Lebendigkeit. Das Geheimnis des Lebens liegt in dieser Anbetung und Anteilnahme an dieser Schöpferkraft, aus der wir selbst und alles Leben entspringen. Die Aufmerksamkeit und die Sammlung auf ihre Gegenwart in uns und um uns führen uns hinein in die Macht unserer Gotteskindschaft, lassen uns wahres Lebensbewußtsein erlangen, das identisch ist mit dem Bewußtsein des göttlichen Seins in uns und um uns. Wer gottes-bewußt lebt, lebt lebens-bewußt und damit schöpferkraft-bewußt.

Dieses ist für uns alle das allein Notwendige: die Bewußtwerdung der Anwesenheit des Schöpfergeistes in der eigenen und der Welt Schöpfung und unsere Hinwendung zu Ihm. Durch die Aufmerksamkeit und durch die Sammlung auf diesen Geist entbinden wir seine Kräfte, treten wir in eine Wechselbeziehung mit ihnen ein und erleben unsere fortwährende Zunahme an Leben aus dem Ursprung allen Lebens, aus Gott. Wenn wir diese Notwendigkeit unserer Bewußtwerdung der Kraft des Schöpfers in allem Lebendigen begreifen und dieser Kraft in Liebe und Anbetung zugewandt leben, so werden wir von dieser Kraft erfüllt, und damit haben wir das Geheimnis eines vollmächtigen Lebens erkannt als liegend in unserer Liebe zu Gott.

Gottes Kraft in unserer Schöpfung ist deshalb das Zentrum, aus dem wir leben müssen, oder wir verurteilen uns selbst zu einem ohnmächtigen, unschöpferischen Pseudo-Leben. Wir unterbrechen das schöpferische Geschehen des Schöpfergeistes in uns, wenn wir in der Enge einer willkürlichen Geistigkeit verbleiben.

Was wir auch erreichen mögen durch die Entfaltung unseres Geistes, es bleibt ohne Bedeutung für die Enthüllung der in uns wesenden Kraft des Schöpfers, und wir bleiben den Mächten des Todes als des Nichtlebens im Vergänglichen verhaftet. Der von dem Schöpfer gewollte Sinn geht nicht auf, wir werden keine Menschen, die Gott offenbaren und die beitragen zu der Verwirklichung seines Reiches in dieser Welt. Wir erleben die Zunahme der Gottlosigkeit und der Unmenschlichkeit unseres Lebens und halten es für eine Utopie zu glauben, daß wir als Menschen Gott offenbaren können, sind wir doch unvollkommene, sündige Geschöpfe, schon durch den Sündenfall des ersten Menschenpaares aus der Gnade Gottes gefallen!!

Aus diesen uns überlieferten Vor-stellungen von der grundsätzlichen Sündhaftigkeit menschlichen Lebens und aus unserer daraus folgenden Unfähigkeit, Gott zu offenbaren, müssen wir erlöst werden durch die Erkenntnis der in unserer Schöpfung wesenden

Kraft des Schöpfers zu ihrer Vollendung. Weil wir uns dieser Kraft nicht bewußt sind und wir uns nicht auf sie ausrichten, sie nicht lieben und nicht anbeten, kann es nicht zur Entbindung ihrer Gegenwart in unserer Schöpfung kommen. Wir bleiben ohne den Einstrom dieser Kraft in unser Leben, nicht weil wir den Zugang zu ihr nicht finden können, sondern weil wir uns nicht öffnen für ihre ständige Anwesenheit in uns. Würden wir erzogen werden, diese Kraft als unsere Lebenswirklichkeit schlechthin zu begreifen, dann würden wir uns auf sie ausrichten in dem Wissen, daß sie den Grad unserer Lebendigkeit bestimmt. Sie würde das Zentrum unseres Lebens werden, und wir würden sie ständig in unser Bewußtsein hereinbeten und sie über alles lieben und ihre Gegenwart in allem Geschaffenen erkennen und ihr auch hier liebend zugewandt leben. Das erst wäre, im Leben zu sein, denn sie ist unser Leben.

24. Das Genie ist der mit dem Ursprung verbundene Mensch

Da das Bewußtsein des Menschen auf die Erscheinungswelt ausgerichtet ist und der Mensch bestrebt ist, seine willkürliche Geistigkeit zu entwickeln, um diese äußere Welt zu erforschen und zu beherrschen, kommt es nicht zu einer Ausrichtung auf die innere Welt, nicht zu einer Erforschung der spirituellen Wirklichkeit, aus der die Erscheinungswelt immer neu entsteht. Damit ist der Mensch aus der Verbindung mit dem Ursprung herausgefallen, nicht nur in seiner eigenen Schöpfung, sondern er lebt außerhalb der Verbindung mit der Kraft des Schöpfers in allem Geschaffenen, er erkennt nicht diese Kraft, die alles Leben zeugt und zusammenhält. Entstanden aus dieser Bewußtlosigkeit für das innere Geheimnis des Lebens, können auch Ergebnisse der Forschung nicht endgültig sein, und sie können darum immer wieder durch neue Forschungen abgelöst werden.

Der Mensch sammelt Wissen über äußere Vorgänge, und er erlebt, daß er außerhalb eines ganzheitlichen Wissens verbleibt, daß er, ohne auf den Grund des Lebens zu kommen, sich auf der Oberfläche vergebens abmüht, dem Geheimnis des Lebens näherzukommen. Denn dieses Geheimnis liegt in dem Schöpfergeist verborgen, „aus dem alles gemacht ist, was gemacht ist, und ohne Ihn ist nichts gemacht, was gemacht ist. In Ihm ist das Leben, und das Leben ist das Licht des Menschen." Von diesem inneren Licht erleuchtet zu sein, macht den Menschen weise und läßt ihn zum Licht seiner Welt werden. Verbunden mit diesem inneren Licht, hat der Mensch Zugang zu dessen Anwesenheit in allem Geschaffenen, und seine Aussagen über die Welt der Erscheinungen bleiben gültig, denn er erkennt die Kraft, aus der sie entsprungen sind.

Wenn der Mensch erkennt, daß Gott alles in allem ist, so sucht er zuerst und vor allen Dingen nach der Verbindung mit dem Göttlichen in sich, denn nur über diese Anwesenheit des Schöpfergeistes in seiner eigenen Schöpfung bekommt er die Verbindung mit der Kraft des Schöpfers in seiner Umwelt. Bleibt der Mensch seinem willkürlichen Geist verhaftet, wendet er sich aus seiner Sonderung von dem Schöpfergeist der Welt zu, so sind alle seine Versuche, diese Welt zu erforschen, vorläufig und unzulänglich, denn er erreicht nicht die in allen Dingen wesende Seinskraft, und er kann nicht von ihr erleuchtet werden, die allein in sich das Geheimnis des Lebens trägt. Unsere willkürliche Geistigkeit vermag niemals das Rätsel zu lösen, das wir und alles Geschaffene zutiefst sind. Erst mit dem Durchbruch zu unserer Wahrheit, die der Schöpfergeist ist, beginnt die Verbindung mit dieser Wahrheit in allem Geschaffenen.

Das Genie, das wir bewundern und das uns Dinge erhellt, die im Dunkeln liegen, das uns neue Welten erschließt und das Gesicht unserer Welt verändert, ist der mit dem Ursprung verbundene Mensch, der den Anschluß an den Schöpfergeist momentan erlebt und damit gültige Erkenntnisse auf dem jeweiligen Gebiet seiner Begabung aufleuchten läßt. Der geniale Mensch ist durchlässig für das innere Wissen, er erlebt sich als Organ eines Geschehens, das ihn in seinen Dienst stellt, und je stärker seine Hingabe an dieses Geschehen ist, um so genialer wirkt sich der Mensch aus. Die Entleerung von aller willkürlichen Geistigkeit, das Schaffen eines Vakuums, in das der Schöpfergeist einfließen kann, ist die Voraussetzung für das Hervorkommen eines genialen Menschen, auf welchem Gebiet auch immer.

Genialität ist Rückverbindung mit der allem Leben zugrunde liegenden Kraft des unsichtbaren Schöpfers. Ob diese Rückverbindung durch eine bewußte Hinwendung zu dieser Kraft, durch eine Versenkung in das innere Geschehen des Lebens geschieht, oder ob der Mensch plötzlich überwältigt wird von dem Einbruch dieser Kraft in sein Bewußtsein und sich ihr zur Verfügung stellt, ist belanglos; wichtig ist nur die Durchlässigkeit des Menschen für das schöpferische Geheimnis seines Lebens. Wird aber der Mensch durch solche Einbrüche schöpferischer Kräfte in seinen Geist zu der Erkenntnis dessen aufgeweckt, daß diese Kräfte in seiner Schöpfung verborgen liegen, wartend auf seine Empfänglichkeit dafür, so wird er sich dazu gedrängt fühlen, den Kontakt mit diesen Kräften durch

Versenkung und Meditation aufzunehmen. Der Mensch ist dann ein wahrhaft Gläubiger geworden, ein um das Geheimnis seiner geschöpflichen Beziehung zu dem Schöpfergeist Wissender, und von nun an ist er erlöst aus dem rastlosen Tun seiner willkürlichen Geistigkeit, und er lebt in der Hinwendung zu dem Geist des Schöpfers in sich, er ist spirituell lebendig geworden.

Die gültige Aussage dieses Menschen ist: „Ich lebe, doch nicht mehr ich, Christus (der Schöpfergeist) lebt in mir." Hier in dem bewußt zu dem Geist des Schöpfers in sich erwachten Menschen ist die Enge der willkürlichen Geistigkeit aufgehoben, und der Mensch erlebt seine geschöpfliche Zugehörigkeit zu dem Schöpfergeist, und er verbindet sich in Liebe und Anbetung mit diesem Geist. Hier kommt es zu einer Entbindung der schöpferischen Kräfte, die die Menschwerdung im Sinne des Schöpfers in Gang setzt und die Entfaltung des wahren Menschen, des Menschen in Christus, möglich macht. Innen und außen, Schöpfergeist und Geschöpf, werden miteinander vereint, und nur durch diese Vereinigung erlebt der Mensch, daß er hineinwächst in die Macht seiner Kindschaft zu Gott. Je tiefer die Liebe des Menschen zu dieser in ihm wirkenden Kraft des Schöpfers wird, um so menschlicher wird er, um so vollkommener kann er seinen geschöpflichen Sinn erfüllen, der für alles Geschaffene nur darin liegt, daß es durch sich den Schöpfer wirken läßt zu seiner Offenbarung in der jeweiligen Schöpfung. Der bewußt in Christus lebende Mensch offenbart die höchste

Stufe der Genialität als die Rückverbindung mit dem Ursprung, weshalb wir begreifen können, daß diejenigen Menschen, die die Wiedergeburt als den Durchbruch zu dem Schöpfergeist in sich bewußt erleben, für uns alle von übergeordneter Bedeutung sind. Das religiöse Genie ist deshalb für die Entwicklung des wahren Menschen von größter Wichtigkeit, denn in ihm wird das Geheimnis der Urbeziehung des Menschen zu dem allmächtigen Schöpfer enthüllt. Seine gültige Aussage ist: „Ich und der Vater sind eins, wer mich sieht, der sieht den Vater, der mich gesandt hat."

Die Einbrüche schöpferischer Kräfte in das Leben der um ihre geschöpfliche Abhängigkeit von der Verbindung mit ihrem Schöpfer noch nicht wissenden Menschen geschehen immer wieder auf allen Gebieten menschlichen Lebens, und wir erleben den Unterschied zwischen dem, was aus dem Geist des Menschen entspringt, aus dem, was von vorübergehender Bedeutung ist, und dem, was plötzlich aufleuchtet als gültige Erkenntnisse aus den Tiefen des Seins. In der Kunst, in der Wissenschaft und in der Politik kommt es durch den an sein Schöpferprinzip plötzlich angeschlossenen Menschen zum Aufbruch von Kräften und Klarheiten, die diesem Menschen den Stempel des Genialen verleihen. Sie gehören hinein in die Reihen der großen Menschen, von denen die Entwicklung menschlichen Lebens entscheidend beeinflußt wird. Sie geben Rätsel auf, und wir werden durch sie gezwungen, zu erforschen, woher die in ihnen wirksamen Schöpferkräfte kommen, und welche Voraussetzungen es gibt, um zur Genialität zu gelangen.

Wir werden durch das religiöse Genie, wie es in den großen Erleuchteten und Wiedergeborenen hervorkommt, erkennen, daß der Mensch durch seine geschöpfliche Beziehung zu dem Schöpfergeist zur Entbindung der in ihm wesenden Schöpferkraft bestimmt ist und daß deshalb Genialität der natürliche Zustand des Lebens ist, verstanden als Rückverbindung mit diesem Geist des Schöpfers, „aus dem alles gemacht ist, was gemacht ist, und ohne Ihn ist nichts gemacht, was gemacht ist. In Ihm ist das Leben.“ Und das Leben ist schöpferisch, ist genial, sofern es erkannt und angenommen wird als aus dem Urquell allen Lebens, aus Gott, entsprungen. Deshalb kann kein Mensch sich seiner Genialität rühmen, denn alles Geniale entspringt dem Schöpfergeist, dessen Organe wir alle sind.

25. Wesenhafte Begegnungen

Die Anziehungskraft, die ein Mensch auf uns ausübt, geht von seinen Bewußtseinsinhalten aus, von dem, was ihn innerlich beschäftigt, das in einer Beziehung zu dem steht, was für ihn wichtig ist. Lebt ein Mensch bezogen auf seine Seele, so zieht er den seelisch empfänglichen und lebendigen Menschen an, lebt er bezogen auf seinen Intellekt, so wirkt er anziehend auf den intellektuell wachen Menschen, lebt er nur absorbiert im Körperlichen und Triebhaften, spricht er den darin verhafteten Menschen an. Es scheint ein seltsamer Vorgang zu sein, wenn wir uns in einer Einheit mit einem Menschen erleben, die ohne Spannungen ist und uns in den Frieden und in die Freude versetzt. Wir erleben Heimat und Vertrautheit, weit über alle Erklärungen hinaus. Es ist, als ob eine innere Verwandtschaft bestünde, wo nichts gesagt zu werden braucht. Die Wellenlänge stimmt, der Empfang von Leben aus uns vertrauten Bereichen geschieht ohne Worte.

Wie sehr der Mensch ein undurchdringliches Geheimnis ist, dem nicht mit dem analysierenden Verstand beizukommen ist, wird uns deutlich in diesen Begegnungen, die wie eine Identifikation sind, ein Zusammenfallen von Kräften desselben Ursprungs, ein Empfinden von Einheit im Wesenhaften. Wir können nicht erklären, warum wir von einem Menschen, ohne ihn gesprochen zu haben, angezogen werden, warum wir Heimat erleben bei manchen, die uns nur vorübergehend begegnen. Es sind Ausstrahlungen von Kräften, die im Menschen gespeichert liegen, und zu denen nur der Mensch Zugang hat und die nur der zu entbinden vermag, der in sich dieselben Kräfte trägt. Jeder Mensch ist ein Sender von den Energien, die er in sich gesammelt hat und die nur empfangen und verstanden werden von dem Menschen, der Träger derselben Energien ist.

Aus der Ehrfurcht vor dem Geheimnis, das jeder Mensch ist, aus dem Wissen, daß wir hier vor der unsichtbaren Kraft des Lebens auf verschiedenen Bewußtseinsebenen stehen, müssen wir erkennen, daß wir nie eine Gemeinschaft erzwingen können, die nicht von selbst unmittelbar entsteht. Schon wenn ein Mensch vor uns steht, erkennt das innere Wissen, ob er zu unserem Bereich gehört oder ob er uns fremd bleiben wird. Schon in der Begegnung, in der Stimme, in der Ausstrahlung liegt das Geheimnis einer Beziehung oder einer Beziehungslosigkeit offen zutage, wenn wir gewohnt sind, von innen her die Umwelt zu erleben, den inneren Sender des anderen zu empfangen. Wir würden keine Enttäuschungen erleben, wenn wir nach innen horchen würden, was es in uns spricht, wenn wir einem Menschen begegnen, denn unsere Seele verfügt über das absolute Wissen und macht keine Fehldiagnose. Da aber die Sinne der Seele schwach entwickelt sind, kommt es zu falschen Schlüssen in unserem Urteil über die Menschen, und wir lassen uns von der Maske irreführen, die jeder Mensch angelegt hat, um sich zu schützen vor der Aufdringlichkeit der anderen, oder die er braucht, um seine innere Leere zu verbergen.

Wenn wir in der Begegnung mit einem Menschen beeindruckt sind von dieser aufgesetzten Maske und glauben, etwas Gemeinsames zu erkennen, so ist es gut, wenn wir uns besinnen auf die Wirkung, die er in uns hinterläßt, und wenn wir versuchen, herauszufinden, welche Bereiche er in uns angesprochen und bewegt hat. Das Eigentliche und Wesenhafte liegt nicht in dem Äußeren, sondern in dem unsichtbaren Fluidum, das von seinem inwendigen Menschen ausgeht, und dieses entscheidet über unsere Beziehung zueinander. Was hat der Mensch in seinem Bewußtsein, welche Gedanken bewegt er in seinem Geist, was ist für ihn wichtig, und wo ist er zu Hause? Dieses entscheidet über unsere Beziehung, und diesem nachzuspüren und uns darnach zu richten, rettet uns vor vielen Enttäuschungen und stellt uns richtig voreinander. Der Mensch muß seinen inneren Empfangsapparat entwickeln, er muß die Sinne seiner Seele wecken und erkennen, daß die äußeren Sinne uns oft irreführen, während die inneren Sinne die Ganzheit eines Menschen erfassen und uns aufklären über seinen Standort. Oft erleben wir nachträglich durch die eingetretene Beziehung zu inneren Kräften, daß uns ein Mensch tiefer getroffen hat als wir in der Begegnung im Äußeren vermutet haben, und eine Umarmung im Spirituellen tritt ein, die uns glücklich macht, aus der wir Kraft schöpfen und die uns eine Gemeinschaft im Wesenhaften erfahren läßt, die gültig bleibt, unabhängig von weiteren Begegnungen.

Für solche Erlebnisse gibt es keine anderen Erklärungen, als daß eine seelische Begegnung stattgefunden hat, eine Synthese mit dem von urher Gemeinsamen. Vielleicht waren wir im Augenblick der äußeren Begegnung nicht bei uns selbst zu Hause, vielleicht verlief das Zusammensein unterhalb unseres eigentlichen Wesens, aber dennoch brach hinterher die Identifikation mit dem anderen in unser Bewußtsein herein und erfüllte uns mit Seligkeit. Wir erlebten uns aufgehoben in dem Kraftfeld einer verwandten Seele, und dieses überwältigte uns mit Frieden und Freude, mit einem Durchströmt-Werden von den Lichtkräften des uns verbindenden Schöpferprinzips. Denn dieses Prinzip, das wir als unsere existentielle Wahrheit, als unsere spirituelle Wirklichkeit, erkennen müssen, ist die uns mit dieser Wirklichkeit in allem Geschaffenen verbindende Kraft, die allein zum Erleben innerer und wahrer Gemeinschaft führt. Wir reichen nur so tief in das Geheimnis des Lebens um uns hinein, wie tief wir eingedrungen sind in dieses Geheimnis in uns selbst.

26. Wenn der Mensch nicht bei sich zu Hause ist, ist niemand da, der uns empfängt

Wenn wir bewußt bei uns selbst in unserer Wesenswirklichkeit leben, so ist unsere Wirkung auf die Umwelt wesenhaft. Wir sind bei uns zu Hause, und wer uns begegnet, findet uns mit unserer Wahrheit erfüllt. Der verinnerlichte Mensch, der in seinem Wesenhaften integrierte Mensch, ist wie ein Haus, das bewohnt und belebt ist. Er ist fähig und bereit, die Menschen wie die ihn umgebende Schöpfung aus seiner Ganzheit zu bewirken, sie in ihrem Wesen anzusprechen, damit seinen geschöpflichen Sinn zu erfüllen als das Wesenhafte, das Seinshafte, auszustrahlen. Wer nicht bei sich im Wesen, im Sein, zu Hause ist, sondern im Außen und von den äußeren Dingen gelebt und getrieben wird, ohne Bewußtsein für seine Wahrheit, die der Schöpfergeist in ihm ist, ist wie ein verwaistes Haus, das in sich leer und verlassen ist und keine Gastlichkeit aufweist, keine Liebe aussendet, keinen Schutz und keine Aufnahme bietet. In der Begegnung mit diesen außerhalb ihres Wesens lebenden Menschen finden wir keine uns erlösende und uns in unserer Wahrheit ent-bindende Aufnahme, es kommt nicht zu einer wirklichen Beziehung, nicht zu einer Synthese im Wesenhaften. Da der Mensch nicht bei sich zu Hause ist, ist niemand da, der uns empfängt und bewirtet, und wir gehen leer aus, nur in den vorläufigen Bereichen unserer Vergänglichkeit angeschaut und angesprochen.

Ein leeres Haus ist ein von dem Besitzer verlassenes Haus, das, wenn es ohne Pflege ist, verfällt und den Mächten der Vergänglichkeit ausgeliefert ist. Wir finden hier keine Aufnahme, keine Gastlichkeit. Der Mensch, der nicht aus der bewußten Hinwendung zu seiner Seele als zu seiner spirituellen Wirklichkeit lebt, ist mit einem leeren Haus zu vergleichen, das seinen Sinn nicht erfüllt. Er hat seine Wohnstätte den fremden Mächten der Vergänglichkeit überlassen, die sie verwüsten und der Sinn-losigkeit ausliefern. Ein Mensch, der nur auf das Äußere ausgerichtet lebt, der in seinen selbstgewählten Pflichten und Aufgaben aufgeht, ohne Rückverbindung mit seiner inneren Wirklichkeit, ohne liebende Hinwendung zu seiner Wahrheit, die der Schöpfergeist in ihm ist, kann erst dann seinen geschöpflichen Sinn erfüllen, wenn er diesen Geist durch sich offenbart.

Wenn wir uns selbst und unsere Mitmenschen in bezug auf die Wirkung, die von uns ausgeht, beobachten, müssen wir erkennen, daß wir nicht in der Hinwendung zu unserem Wesen leben und folglich nicht wesenhaft wirken. Unser Bewußtsein ist nicht mit unserer Wahrheit erfüllt, wir leben nicht auf die innere Wirklichkeit des Lebens ausgerichtet und können folglich nicht aus dieser Wirklichkeit auf unsere Umwelt wirken. Unsere Begegnungen mit den Mitmenschen wie mit der Schöpfung um uns erfolgen auf der Oberfläche der Erscheinungswelt, wir registrieren die Umwelt, aber wir er-leben sie nicht, wir nehmen nicht an ihrer Wahrheit teil, denn wir begegnen ihr nicht aus unserer Wahrheit, die allein Zugang hat zu der Wahrheit allen Lebens, die der Schöpfergeist ist.

Hier liegt die Erklärung für die Unzufriedenheit und die schmerzliche Beziehungslosigkeit, die wir im Umgang mit uns selbst und mit unserer Umwelt erleben. Wir haben nicht Frieden geschlossen mit unserer Wahrheit, wir leben nicht ausgerichtet auf unsere spirituelle Wirklichkeit, wir sind nicht bei uns im Innersten zu Hause. Wir leben aushäusig, wir verbringen unsere Tage im Dienst an den Mächten unserer eigenen und der Welt Willkür und wissen nicht, was es heißt, in der Einheit mit dem Leben zu sein, das uns lebt. So ist das schöpferische Geschehen dieses Lebens des Schöpfergeistes in uns gestört, es kommt nicht zur Entfaltung seiner Kräfte und Klarheiten, nicht zu einem Wachstum des inwendigen Menschen, nicht zu einer Behausung im Wesenhaften. So werden unsere Beziehungen zur Umwelt ebenso oberflächlich wie unsere Beziehungen zu uns selbst in der Wahrheit. Wir vermögen mit aller Sehnsucht nach Gemeinschaft nicht tiefer zu dem Geheimnis des Lebens um uns vorzudringen, als wir selbst tief leben. So setzen wir uns selbst die Grenzen, die uns aus aller lebengebenden Gemeinschaft mit unserer Umwelt ausschließen durch unsere Sonderung von dem von urher Gemeinsamen, von Gott, dem Ursprung. Weil wir nicht bei uns selbst in unserem Wesen zu Hause sind, so findet unsere Umwelt uns nicht an-wesend, erlebt sie keine Begegnung im wahrhaft Lebendigen.

Um diese Not der Heimatlosigkeit und der Beziehungslosigkeit zu uns selbst wie zu der Schöpfung um uns zu überwinden, müssen wir den Weg zurück zu unserer Wesenswirklichkeit gehen, in uns selbst das Zuhause finden, das wir nirgends in der äußeren Welt finden können. Unser Körper muß der Tempel des Schöpfergeistes werden und nicht zu einer Wohnstätte unserer willkürlichen Geistigkeit degradiert werden. Wir müssen die Beziehung aufnehmen zu der Kraft, die in uns Leben bewirkt, wir müssen zuerst und vor allen Dingen mit diesem Geist uns verbinden, in Ihm ruhen, aus Ihm unser Leben schöpfen, sollen wir wesenhaft wirken können und aus unserer Heilheit zum Heil unserer Welt werden.

27. Das mystische Erleben

Das mystische Erleben besteht darin, daß der Mensch in Berührung kommt mit der hinter der Erscheinungswelt wirkenden Kraft des Schöpfergeistes. Es kommt zu einer Überschreitung der Grenze zwischen der sichtbaren, mit den fünf Sinnen wahrnehmbaren Welt und der unsichtbaren Kraft, die diese Welt schafft und erhält. Der Mensch erreicht diese Kraft in sich selbst, er sinkt in seine Wesenswirklichkeit hinein, und er erlebt in diesem Zustand seine Einheit mit dieser Wirklichkeit in allem, was lebt. Er ist zurückgekehrt zum Ursprung allen Seins, er hat seine Ganzheit erreicht, und dieses löst Frieden und Freude aus; der Mensch ist selig als mit seiner eigenen und der Schöpfung Seele erfüllt.

Wenn wir das mystische Erleben so verstehen als die Einswerdung des Menschen mit dem Ursprung allen Lebens, so müssen wir die Mystik begreifen als den Zustand des uns gemäßen Lebens schlechthin. Unsere geschöpfliche Situation verlangt diese Einswerdung mit der Kraft, aus der wir entsprungen sind, weshalb die Mystik nicht als ein Ausnahmezustand menschlichen Lebens anzusehen ist, sondern als der Zustand des wirklichen, des integrierten Lebens des Menschen. Der Mystiker erlebt für Augenblicke das uns von Gott gegebene Leben, das wir durch unsere geschöpfliche Fehlhaltung dem Schöpferprinzip gegenüber verloren haben. Der Durchbruch zu dem Reich Gottes als zu dem Reich, wo der Schöpfergeist herrscht, ist im Leben des Mystikers, wenn auch nur manchmal für Sekunden, erfolgt, und dieses Erleben hinterläßt eine innere Harmonie, ein Empfinden des grundsätzlich anderen Lebens, ein Wissen um die unsichtbare Wirklichkeit, die allem Geschaffenen zugrunde liegt. Dieser Mensch weiß, was es heißt, erlöst zu sein aus allen Bedrängnissen und Unruhen eines dem Vergänglichen verhafteten Pseudo-Lebens. Er ist aus der Enge eines Teil-Lebens in die Weite des wirklichen Lebens vorgestoßen, und diese Erfahrung verändert seine Auffassung vom Leben, öffnet den Weg in die verborgene Dimension des allgegenwärtigen Schöpfergeistes.

Solange die Mystik von uns nicht erkannt wird als der Durchbruch zu unserer existentiellen Wahrheit als Schöpfergeist in Offenbarung, teilhaftig durch unsere Schöpfung des ewigen Lebens, solange bleibt der Mystiker für uns ohne erlösende und ohne uns auf unsere Wahrheit ausrichtende Kraft. Wir nehmen mehr oder weniger skeptisch zur Kenntnis, daß es Menschen gegeben hat und noch gibt, die von der Begegnung mit einer uns unbekannten Dimension sprechen und auch behaupten, daß sie durch diese Begegnung verwandelt und erneuert wurden, und vielleicht erleben wir bei ihnen eine Ausstrahlung von anderen

Kräften und Klarheiten, ohne jedoch dadurch zu der Erkenntnis dessen aufzuwachen, daß auch wir die Möglichkeit der Begegnung mit einer uns innewohnenden Kraft spirituellen Seins haben, daß auch für uns das mystische Erleben möglich ist.

Was wir als Mystik bezeichnen, ist nichts anderes als der Kontakt des Menschen mit dem in ihm wesenden Schöpfergeist. Aus der Sonderung von Ihm und aus dem Verbleiben des Menschen in seinem Ego, eingeengt in einer willkürlichen Geistigkeit, ist ihm der Zugang zu seiner Seele versperrt, die wir verstehen müssen als seine spirituelle Wirklichkeit. Da die Einbeziehung dieser Wirklichkeit in sein Bewußtsein notwendig ist, um sie zu offenbaren und damit seinen geschöpflichen Sinn zu erfüllen, so bleibt der Mensch in seiner Sonderung von ihr einem Pseudo-Leben verhaftet und geht sinn-los zugrunde. Die in ihm wesende Kraft des Schöpfergeistes kann sich ohne seine Hinwendung zu ihr nicht entfalten, und damit ist die Menschwerdung im Sinne des Schöpfers unterbrochen. Der Mensch wächst nicht hinein in das ihm von dem Schöpfer gegebene Leben, und er entwickelt nicht die Macht seiner Gotteskindschaft.

Wenn nun dieses in unserer Schöpfung anwesende Leben aus dem Schöpfergeist in unser Bewußtsein hineinströmt, was plötzlich geschehen kann, wenn unser Geist nicht mit Vergänglichkeit erfüllt ist, nicht von der Erscheinungswelt absorbiert ist, so kommt es zu einem mystischen Erleben, das wir als das Erleben des wirklichen Lebens schlechthin verstehen müssen. Wir durchstoßen die Grenze, die unsere willkürliche Geistigkeit gezogen hat zwischen uns und dem Schöpfergeist, und wir erleben den Kontakt mit diesem Geist, der ständig in uns west, aber von uns nicht anerkannt und nicht angenommen wird. Wir identifizieren uns mit unserem Körper und unserem Geist, aber wir erkennen nicht den in uns wesenden Schöpfergeist, und so kommt es nicht zu dem Einstrom seiner Kräfte und Klarheiten in unser Bewußtsein, nicht zu dem mystischen Erleben der Einheit allen Seins im Ursprung.

Alle Mystiker in allen Zeiten und Völkern sind sich einig in der Aussage, daß es sich um einen Einbruch bis dahin verborgener Kräfte in ihr Bewußtsein handelt, wenn sie mystische Erlebnisse haben. Eine andere Dimension wird erfahren, die zu einem Überwältigtwerden von Licht und Kraft, Frieden und Freude führt. Die Voraussetzung für solche Erlebnisse ist die Stille, eine innere Passivität, eine Sammlung auf unseren inwendigen Menschen, ein Zustand des Abstandes von der Außenwelt. Der Mensch schafft durch die Stille die Möglichkeit der Wahrnehmung für das unsichtbare Geheimnis des Schöpfergeistes. Wenn der Mensch fortwährend beschäftigt ist mit der Außenwelt, so ist die Begegnung mit der Kraft des Schöpfergeistes verringert, und es kommt nicht zu dem Erleben dieses Geistes in seinem Bewußtsein. Die Mystik muß verstanden werden als der Kontakt des Menschen mit seiner Wesenswirklichkeit oder Gotteswirklichkeit, und da diese Wirklichkeit durch unsere Schöpfung in uns vorhanden ist, ist die Mystik eine für uns alle mögliche Erfahrung. Wir müssen uns nur im Glauben und im Vertrauen der Kraft des Schöpfers in uns zuwenden, Christus als den Schöpfergeist erkennen und annehmen, und er wird in uns wirksam werden zu unserer Vergeistigung.

28. „Gott ist Licht, und es ist keine Finsternis in Ihm"

„Gott ist Licht, und es ist keine Finsternis in Ihm". Wenn Gott alles in allem ist, der Urheber und Schöpfer allen Lebens, so ist alles Leben Licht, Kraft, schöpferische Energie. Was von Gott ausgeht, trägt in sich die Lichtkräfte der Gottheit, und was in diesen Kräften verbleibt und sie durch sich ungehindert wirken läßt, wird zur Offenbarung dieser Kräfte, wird zur Licht-Ausstrahlung, zur Gottes-Offenbarung, was identisch ist mit der Vermittlung des von Gott ausgehenden Lebens. Wenn unsere Augen noch nicht dieses Licht in der Schöpfung um uns wahrnehmen können, so liegt es daran, daß unser Bewußtsein nicht gott-erfüllt, nicht schöpfergeist-erfüllt ist und wir deshalb nicht durchstoßen können zu der Dimension der in allem Geschaffenen wirkenden Lichtkraft des Schöpfers. Wir sehen nur die Erscheinungswelt, aber wir haben noch keinen Zugang zu dem Schöpfergeist, aus dem alle Erscheinungen hervorgehen. So werden wir auch selbst nicht zur Lichtausstrahlung, weil wir nicht ausgerichtet leben auf das manifestierte Licht des Schöpfers.

Wenn wir von einem Erleuchteten reden, so bekunden wir, daß es in der Möglichkeit des Menschen liegt, erleuchtet zu werden, mit dem inneren Licht des Schöpfers in Verbindung zu kommen. Und wenn wir

 12073

in das Leben dieser Menschen hineingehen, so erkennen wir, daß sie erwacht sind zu ihrer spirituellen Wirklichkeit und in der Hinwendung dazu leben. Sie sind die Gott liebenden und Gott anbetenden Menschen, und je inniger sie auf die Kraft des Schöpfers in ihrer Schöpfung ausgerichtet leben, um so erleuchteter werden sie. Die großen Erleuchteten, deren Licht nicht aufhört, in der Welt zu leuchten, sind die Wiedergeborenen, die zu ihrer Wahrheit als Kinder Gottes durchgestoßenen Menschen, die ihr Ego- und Vergänglichkeitsbewußtsein überwunden haben und sich identifizieren mit der Kraft, aus der sie geschaffen sind, und da diese Kraft Licht ist aus dem Urlicht der Gottheit, so werden sie zur Erleuchtung ihrer Welt.

Die Aussage des Jesus von Nazareth: „Ich bin das Licht der Welt“, ist eine gültige Aussage für alle Menschen, die die Ich-Bin-Kraft als die Seinskraft der Gottheit erkennen und sich mit dieser Kraft identifizieren. Da diese Seinskraft Licht ist, werden sie ohne Anstrengung von sich aus zur Erleuchtung in der Finsternis einer um diese Lichtkraft in sich nicht wissenden Menschheit, eine Lichtkraft, die über ihr irdisches Dasein hinaus wirksam bleibt zur Wegweisung und Ausrichtung auf diese Kraft. Diese Erleuchteten sind die wahren, von Gott gewollten und geschaffenen Menschen, und wenn wir uns in das Kraftfeld dieser Menschen begeben und sie auf uns wirken lassen, erleben wir ihre erweckende und uns auf das innere Licht in uns ausrichtende Kraft. Da sie erlöst sind aus der Enge eines dem Vergänglichen und Willkürlichen verhafteten Teil-Lebens, können sie uns zur Offenbarung des in uns selbst wesenden Lebens aus dem göttlichen Ursprung allen Seins werden und uns dessen bewußt machen, daß auch wir Träger des Göttlichen sind, das Licht ist und das auch uns zur Erleuchtung werden läßt.

Wir erkennen durch diese Erleuchteten, daß es die eigentliche Bestimmung des Menschen ist, im Lichte des Schöpfergeistes zu leben und somit zur Erleuchtung dieser Welt zu werden. Es genügt nicht, daß einige Menschen den Weg zu ihrer Wahrheit, die Gottes Kraft in ihrer Schöpfung ist, gefunden haben, denn wenn es nicht zu einer Menschheits-Erleuchtung kommt, nicht zu einer für alle Menschen gültigen Entdeckung des in unserer Schöpfung wesenden Lichtes des wahrhaftigen Lebens, so bleibt die Welt trotz der wenigen Erleuchteten auf dem Weg der Finsternis und des Unheils. Da das Licht der Gottheit der Ursprung und Urheber allen Lebens ist, und da jeder Mensch aus diesem Licht geschaffen ist, so ist es die geschöpfliche Aufgabe des Menschen, mit diesem Licht verbunden zu leben, auf daß es durch ihn die Welt erleuchtet.

Deshalb die Aufforderung der Erleuchteten in allen Zeiten und Völkern, die Umkehr zu diesem Licht des Schöpfers in ihrem Leben zu vollziehen, ihr Bewußtsein zu ändern, es aus der Welt der Erscheinung zu lösen und durchzustoßen zu der Erkenntnis ihrer Wahrheit als Gottes Kraft in Manifestation und in der fortwährenden Anbetung dieser Kraft zu verbleiben. Nur so kann der Mensch zum Licht seiner Welt werden, wenn er erwacht zu dem in ihm wesenden Licht des Schöpfers und sich damit verbindet, und wenn er es in sein Bewußtsein hereinnimmt, auf daß es seine ganze Schöpfung erleuchten kann. Dann erlebt er die Lichterfülltheit seines ganzen Körpers, und darin liegt das Geheimnis der Erleuchtung eines Menschen.

Weil Gott Licht ist und keine Finsternis in Ihm ist, so muß der Mensch als eine Schöpfung Gottes Träger dieses Lichtes der Gottheit sein, so er seine Wahrheit erkennt und sich zu ihr bekennt. Es gibt keine Möglichkeit, die Erleuchtung unseres Lebens zu verhindern, wenn wir erkennen, wer wir sind als von Gott geschaffen, und wenn wir in der Anbetung dieser unserer Gottgezeugtheit verbleiben. Die Finsternis, die in der Menschheit herrscht, ist Abwesenheit von unserer Wahrheit als Schöpfergeist, als Lichtkraft der Gottheit in Offenbarung, und deshalb kann sie aufgehoben werden, wenn wir zum Bewußtsein dieser unserer Wahrheit aufwachen und sie annehmen. Auch die Erleuchteten sind Menschen, die aus der Sonderung von dem inneren Licht den Weg der Wiedervereinigung damit fanden und es in ihrem Leben zum Leuchten brachten.

Solange wir glauben, daß diese Erleuchteten als Ausnahmeerscheinungen menschlichen Lebens zu betrachten sind, von Gott besonders erwählt und begnadet, können sie uns nicht zu der Erkenntnis dessen führen, daß das Licht, das von ihnen ausgeht, jenes Licht des Schöpfers ist, das alle Menschen erleuchtet, die in diese Welt kommen. „Aus diesem Licht ist alles gemacht, was gemacht ist, und ohne dasselbe ist nichts gemacht, was gemacht ist. In Ihm ist das Leben, und das Leben ist das Licht des Menschen, und es scheint in der Finsternis, und die Finsternis erkennt es nicht. Aber allen, die es erkennen und annehmen, gibt es Macht, Kinder Gottes zu sein." Das Leben selbst, das von dem Urquell allen Lebens, von Gott, ausgeht, ist Licht, weshalb die davon Erleuchteten erst als wahrhaft lebendig anzusehen sind.

Wie aber findet der Mensch den Weg zu diesem Licht in seiner Schöpfung, auf daß er davon erleuchtet wird? Doch nur durch die Sammlung auf die Gegenwart dieses Lichtes in sich, das sich als seine Schöpfung manifestiert hat. Unser Körper als die Wohnstätte des Lebens aus dem Urlicht der Gottheit muß von uns geehrt und geliebt werden; hier wirkt der Schöpfer, und hier will Er von uns erkannt und angebetet werden. Schauen wir mit dem inneren Auge in das Wunder unseres Körpers hinein, so sehen wir die nie aussetzende Kraft des Schöpfers in allen Zellen und Organen des Körpers am Werke, und wir begreifen, daß nicht wir dieses Leben leben, sondern daß die Kraft des Schöpfers uns lebt. Wenden wir uns dieser Kraft zu, so entsteht eine uns belebende und beseelende Verbindung mit ihr, wir entbinden die

Lichtkräfte, die in uns am Werke sind, und wir werden von ihnen erleuchtet mit dem Wissen, wer wir sind, Kinder des Lichtes und des Lebens, Kinder Gottes.

Wo sollen wir Gott sonst finden, wenn nicht da, wo Er am Werke ist? Wo ist der Ort der Anbetung Gottes, wenn nicht in unserer eigenen und der Welt Schöpfung? Wie können wir zur Erleuchtung unserer Welt werden, wenn nicht in unserer Schöpfung das Licht des Schöpfers anwesend ist? Müssen wir nicht erkennen, daß alle unsere eifrigen Beschäftigungen mit unseren überlieferten Vor-stellungen von einem Gott außerhalb unserer Schöpfung nicht zur Erleuchtung unseres Lebens führen? Wir begegnen Gott nicht in Tempeln, von Menschenhänden gemacht, sondern allein in dem Tempel, den Er sich selbst schuf: in unserer eigenen und der Welt Schöpfung. Hier müssen wir die Lichtkräfte der Gottheit entbinden, hier geschieht die Begegnung mit dem lebendigen Gott. Nur der verinnerlichte Mensch, der das Reich Gottes in seiner Schöpfung erkennt und annimmt, erlebt seine Erleuchtung.

29. Der Körper ist verkörperte Geistkraft

Die im Körper verkörperte Geistkraft muß durch unsere Bewußtwerdung dieser Kraft und durch unsere Hinwendung zu ihr entbunden werden, auf daß die Vergeistigung des Körpers immer weitergehen kann. Unsere Bewußtlosigkeit gegenüber dieser sich als unser Körper manifestierten Geistkraft verhindert die für das Gedeihen des Körpers notwendige Vergeistigung. Sie führt zu einem Mangel an Entbindung dieser im Körper liegenden schöpferischen Kräfte, die wir als Störungen des Lebens des Körpers, als Erschöpfungen, Krankheiten und Entartungen erleben. Wenn wir unseren Körper nicht in seinem Ursprung als im Schöpfergeist liegend erkennen und uns nicht mit diesem Geist verbinden, so leidet unser Körper, und seine Zellen werden nicht erfüllt mit den aus diesem Geist ständig einströmenden Energien, und sie verlieren ihre Spannkraft und Vitalität.

Was bedeutet diese Verbindung mit der Kraft, aus der unser Körper geschaffen ist, und wie stellen wir diese Verbindung her? Wir alle betrachten doch unseren Körper als ein Instrument für unser Wünschen und Wollen in dieser Welt, wir verfügen eigenmächtig über seine Kräfte und zwingen ihn in unseren Dienst. Wir nehmen als selbstverständlich hin, daß der Körper sich aus sich selbst erneuert und daß wir ihm nur Essen, Trinken und Schlaf zukommen lassen müssen

12078

und sonst keine Bedürfnisse zu berücksichtigen brauchen, auf daß er harmonisch funktioniert. Daß aber der Körper aus der Kraft des Schöpfers entstanden ist und daß er nur in der Einheit mit dieser Kraft seinen eigentlichen Auftrag erfüllen kann als diese Kraft offenbarend, welcher Mensch denkt daran?

Die für die Vergeistigung und wirkliche Belebung des Körpers notwendige Einheit mit dem Schöpfergeist kann nur entstehen, wenn der Mensch erwacht zu der Erkenntnis, daß der Körper dieser Geist des Schöpfers in Offenbarung ist und daß er erst durch ein schöpfergeist-erfülltes Bewußtsein den Einstrom dieses Geistes in alle seine Zellen erfahren kann. Der Strom dieses Geistes des Schöpfers geht über unseren Geist, über unser Bewußtsein in unsere Schöpfung hinein, weshalb das Aufwachen des Menschen zu diesem Geist und die fortwährende Anbetung seiner Gegenwart erst zu einer lebendigen Verbindung unseres Körpers mit seinem Ursprung führt. Solange Körper und Geist nicht eine Einheit bilden, solange der Mensch nicht Gottesbewußtsein erreicht hat, kann sein Körper nicht zur Ausstrahlung geistiger Kräfte und Klarheiten werden und damit nicht seinen geschöpflichen Sinn erfüllen.

Die Aussage Jesu: „Wer an mich glaubt, von des Leibe werden Ströme von lebendigem Wasser fließen“, können wir erst dann in ihrer großen Bedeutung begreifen, wenn wir erkennen, daß es sich hier um den Glauben handelt an die von ihm verkündigte Wirklichkeit des Reiches Gottes als des Reiches, wo der Schöpfergeist herrscht. In dem Glauben an diesen Geist in unserer Schöpfung, in der Erkenntnis, daß dieser Geist der Ursprung des Körpers ist und wir deshalb in der Einheit mit Ihm verbleiben müssen, um zu gedeihen, um den Sinn unseres Körpers zu erfüllen, darin liegt die Verheißung Jesu begründet, daß „von unserem Leibe Ströme von lebendigem Wasser fließen werden", so wir im Glauben an die Gegenwart des Schöpfergeistes in unserer Schöpfung verbleiben.

Es ging Jesus nicht um den Glauben an seine Person, sondern um den Glauben an die Kraft Gottes in uns, die er verkündigte. Wir alle sind diese Kraft in Offenbarung, aber solange wir sie nicht erkennen und sie nicht in unser Leben einbeziehen, bleiben wir in der Sonderung von Ihr, und wir erleben nicht die Vergeistigung unserer Schöpfung, kommen nicht hervor in der Macht unserer Kindschaft zu Gott. Von unserem Leibe gehen nicht die Ströme lebendigen Wassers aus, und wir vermögen nicht, zum Heil unserer Umwelt zu werden. Wir bleiben eingeengt in unserer Vergänglichkeit, und unser Körper wird ein Opfer unseres auf die Erscheinungswelt ausgerichteten Bewußtseins, und er leidet in allen seinen Zellen Mangel an der fehlenden Verbindung mit seinem Ursprung. So erklären sich unsere Krankheiten als Kränkungen des Schöpfergeistes.

Wann wird der Mensch begreifen, daß Körper und

Geist eine Einheit bilden müssen, auf daß der Sinn unseres Körpers erfüllt werden kann als diesen Geist des Schöpfers durch sich offenbarend? Welchen Sinn hat unser Körper, wenn er nur Spiegelbild unseres willkürlichen Geistes wird, wenn er nur geknechtet und mißbraucht wird als Diener unserer Vergänglichkeit? Hat der Schöpfer diesen wunderbaren Körper geschaffen, auf daß er zur Wohnstätte unserer Willkür wird? Schuf Gott ihn nicht sich zum Bilde und sich zur Offenbarung, und blies Er nicht in ihn hinein seinen Odem, seinen heiligen Geist, auf daß der Körper vergeistigt und zum Träger des ewigen Lebens werde, zur Lichtausstrahlung des Urlichts?

Wenn unser willkürlicher Geist über den Körper herrscht, steht der Körper unter den Mächten der Vergänglichkeit, und wir können seinem Verfall und seinen Krankheiten nicht entrinnen. Ihm fehlt der Anschluß an die Kraft, aus der er geschaffen ist. Wir leben nicht im Bewußtsein dieser Kraft und stellen so nicht die notwendige Synthese des Körpers mit seinem Ursprung her. Unser Verbleiben in einem Person- und Vergänglichkeitsbewußtsein stellt den Körper nicht unter die ihn erneuernden Kräfte seines Ursprungs, und wir erleben, daß er in dieser Sonderung von dem Schöpfergeist nicht gedeihen kann. Ihm fehlt zum Leben das wirkliche Leben, das von diesem Geist ausgeht. Dieses Leiden des Körpers nehmen wir hin, als wäre es sein Schicksal, und wir finden uns damit ab, als gehörte es zu unserem Los in dieser Welt.

Wenn wir auch bestrebt sind, durch eine eifrige Erforschung unserer verschiedenen Leiden ihre Ursache zu ermitteln und den Kampf gegen sie zu führen, so kommen wir nicht zu der Erkenntnis des eigentlichen Grundes unserer körperlichen Störungen als in unserer Bewußtlosigkeit für den sich als unseren Körper manifestierten Schöpfergeist liegend. Würden wir uns mit dem in unserem Körper verborgenen Geist des Schöpfers verbinden und uns mit ihm identifizieren, ihn als die eigentliche Heilkraft des Körpers erkennen und uns ohne Unterlaß zu Ihm bekennen, so hätten wir unseren Körper angeschlossen an seinen Ursprung, und er würde in einer uns noch unbekannten Weise lebendig und vollmächtig werden. Ihm fehlt zu seiner Gesundung nur die Verbindung mit seiner Wahrheit, die der Schöpfergeist ist.

Alles was unser Körper braucht für die Erfüllung seines Sinns als die Kraft des Schöpfers offenbarend, liegt in ihm, aber wir müssen diese Kraft bewußt erkennen und annehmen, auf daß sie sich heilend und den Körper belebend auswirken kann. Mit den uns vom Schöpfer gegebenen Kräften in unserem Körper müssen wir uns verbinden, an sie glauben, uns ihren heilenden Energien anvertrauen. In jeder Zelle und in jedem Atom unserer Schöpfung ist die Kraft des Schöpfers anwesend, und auf diese Kraft ausgerichtet zu leben, heißt sie zu aktivieren, sie zu entbinden und damit den Körper zu vergeistigen. Nichts braucht unser Körper dringender als ein mit Gottes Kraft erfülltes

Bewußtsein, denn wenn unser Bewußtsein gotterfüllt ist, nimmt unser Körper daran teil und wird in seiner Wahrheit als Gottes Kraft in Offenbarung entbunden. Umgekehrt ist unser Körper in der Bewirkung durch ein dem Vergänglichen verhaftetes Bewußtsein in der Entfaltung seiner Wahrheit blockiert, und er erlebt diesen Mangel an dem Einstrom schöpferischer Kräfte als Störungen, die sich als Krankheiten und Entartungen auswirken. Wenn wir dieses erkennen könnten, daß der Körper nicht uns gehört, sondern dem Schöpfergeist, und wenn wir die Umkehr zu diesem Geist und die Einkehr in Ihn vollziehen würden, würde unser Körper zu dem werden, wozu er geschaffen ist: Tempel und Wohnstätte des heiligen Geistes des Schöpfers.

30. Wie kann es zu der ersehnten Wiedergeburt, zu der Menschheitserleuchtung, kommen?

Wie soll es zu der für das Heil unseres Lebens notwendigen Wiedergeburt kommen, wie kann der Mensch erlöst werden aus der jetzigen Situation seiner Bewußtlosigkeit gegenüber seiner Wahrheit als Geschöpf des unsichtbaren Schöpfers, als Träger aller Kräfte schöpferischen Lebens zur Erfüllung seines geschöpflichen Sinns, als höchste Manifestation des Schöpfergeistes in dieser Welt? Wie geschieht das Wiederkommen Christi als die Entdeckung der unserer Schöpfung innewohnenden menschbildenden Kraft des Schöpfers? Wie kann es zu der ersehnten Menschheitserleuchtung kommen, die diesen Zustand der Finsternis unserer Gott-losigkeit beenden wird? Wir ersticken unter der überwältigenden Not menschlichen Lebens in der Sonderung von der allein erlösenden Kraft des in uns wesenden Schöpfergeistes, wir rufen nach uns selbst in der Wahrheit, denn wir wissen, daß nur der wahre Mensch, der Mensch in Christus, diese Welt retten kann.

Solange unsere Erziehung nur auf die Entwicklung unseres willkürlichen Geistes ausgerichtet ist, solange wir unsere Hoffnung setzen auf die immer mehr gesteigerte Intelligenz des Menschen, solange haben wir nichts anderes zu erwarten als die Zunahme unserer

 12082

Not und unseres Irrens. Unsere Welt wird durch unsere willkürliche Geistigkeit immer finsterer, immer gottloser, und die Menschen werden zum Opfer von Not und Verderben, von Krankheiten und Entartungen, denn der heilende Einstrom unserer Wahrheit ist unterbrochen und damit die Möglichkeit, Menschen zu werden, die sich heilend in dieser Welt auswirken. Wir stehen nicht in der Entfaltung der uns durch unsere Schöpfung mitgegebenen Kraft des Schöpfers, wir erkennen nicht uns selbst als diese Kraft in Offenbarung, sondern wir identifizieren uns mit unserer Vergänglichkeit und bleiben unter dem Fluch des verlorenen Sohnes.

Die Dimension unserer spirituellen Wirklichkeit ist noch nicht entdeckt, und obwohl sie aufleuchtet im Leben der Mystiker und Heiligen, so kommt es durch sie nicht zu einer Bewußtwerdung dieser verlorenen Dimension, wird die Menschheit nicht wach für die hier offenbarte Kraft göttlichen Seins. Wir nennen dieses Leben, das die Wiedergeborenen und Erleuchteten uns vorgelebt haben, das göttliche Leben und begreifen nicht, daß es das wahrhaftige Leben ist, das uns durch unsere geschöpfliche Beziehung zu Gott zusteht und das durch uns zu offenbaren, unsere Bestimmung ist. Es gibt kein göttliches und kein ungöttliches Leben, denn alles Leben entspringt dem Schöpfergeist, und so ist es in sich vollkommen, heilig und gut.

Wenn wir aber dieses uns gegebene Leben in den Dienst unserer Willkür und unserer Vergänglichkeit stellen, so erleben wir seine Unvollkommenheit und ernten die Folgen davon in Not auf Not. Wir sind aus der Einheit mit unserem Ursprung gefallen, wir verlieren das wirkliche Leben, das Gottes Leben in uns ist, und dadurch ist unsere Menschwerdung unterbrochen, und wir entfalten den unheiligen, den gottlosen Menschen, der verurteilt ist, Unheil zu zeugen, weil er in seiner Schöpfung unheil ist. Dieser Mensch ist ein Übergang und ein Untergang, und wir dürfen ihn nicht als Menschen bezeichnen, denn er lebt nicht verbunden mit der allein menschbildenden Kraft des Schöpfers. Er entwickelt aus seiner Sonderung von dieser Kraft ein Teil-Leben, das ihm zum Verderben wird, er ist der verlorene Sohn, der nichts anderes kann, als das Irren und die Not seines Lebens ständig zu vermehren.

Wie aber soll dieser verlorene Sohn Gottes aufwachen zu der Erkenntnis, daß er aus seiner Wahrheit, die Gottes Kraft in ihm ist, gefallen ist und keine Möglichkeit des Heils hat, wenn er nicht die Umkehr zu seiner Wahrheit vollzieht? Mitten in allen verderblichen Folgen seiner Sonderung von dieser Wahrheit bleibt diese Wahrheit ständig in ihm, aber sie kann sich erst auswirken, wenn der Mensch sich selbst erkennt als von ihr erfüllt und sie in sein Leben einbezieht. Wie im Gleichnis vom verlorenen Sohn kann die große Erlösung und Heilung aus aller Not erst einsetzen, wenn die Umkehr vollzogen ist, wenn der Mensch die Einheit mit seinem Ursprung erreicht und er seine Sohnschaft zu Gott angenommen hat. Dann erst öffnet sich das Reich Gottes, und der Strom göttlichen Seins fließt in das Leben des Menschen hinein und verwandelt und erneuert ihn.

Die Aussage Jesu, daß das Reich Gottes inwendig in uns ist und daß es an uns liegt, unser Bewußtsein zu ändern und es von der Erscheinungswelt auf die Welt, aus der alle Erscheinungen entstehen, zu richten, haben wir nicht verstanden. Wir bleiben verhaftet der äußeren Welt und suchen hier nach unserem Heil und finden es nicht. Erst wenn wir in unsere Schöpfung hineingehen und die Kraft des Schöpfers erkennen, die ständig hier anwesend ist, und uns zu dieser Kraft bekennen, aus ihr leben im Glauben und Vertrauen, erst dann können wir die ersehnte Erlösung aus aller Not unseres Teil-Lebens, fern von dieser Kraft, erfahren und hineinwachsen in die von Anfang an in uns verborgene Kraft Gottes. Die Einheit im Ursprung ist dann erreicht, und die Kräfte ewigen Lebens stehen uns zur Verfügung.

Da wir Geschöpfe sind und nicht Schöpfer unseres Lebens, muß es uns aufleuchten, daß wir von uns aus nicht die Herrschaft über unsere Schöpfung übernehmen können, ohne den von dem Schöpfer gewollten Sinn zu verlieren und der Sinnlosigkeit anheimzufallen. Allem Geschaffenen ist die Kraft zu seiner Vollendung mitgegeben worden, weshalb das Verbleiben in dieser Kraft eine Notwendigkeit ist, soll der jeweilige Sinn erfüllt werden. Dieses begreifen wir, wenn es um die Schöpfung um uns geht, aber wenn es um unsere eigene Schöpfung geht, erkennen wir nicht, daß wir ohne Unterlaß in dem in uns wesenden Schöpfergeist verbleiben müssen, um Menschen zu werden nach seinem Sinn.

Nur das Ruhen in diesem Geist des Schöpfers, der da ist unsere spirituelle Wirklichkeit, Christus in uns, und das Schöpfen aus diesem Geist machen uns wahrhaft lebendig und gotterfüllt, und nur so erfüllen wir unseren Sinn. In dem Durchbruch zu diesem Geist, in der Bewußtwerdung, daß wir in der Gesamtheit unserer Schöpfung sein Werk sind und daß Er in jeder Zelle unseres Körpers anwesend ist, um sich durch uns kundzutun, liegt unser Heil.

Und wie geschieht dieser Durchbruch, der uns verbindet mit der Gegenwart des Schöpfergeistes in unserer Schöpfung? Wie werden wir wiedergeboren? Doch nur durch eine Besinnung und Sammlung auf diese unsichtbare Kraft des Schöpfers in unserer eigenen Schöpfung, nur durch die Bewußtwerdung unserer geschöpflichen Situation, die uns jeden Augenblick abhängig macht von der Verbindung mit Ihm, der alles in allem in uns ist. Wir müssen Gottes Gegenwart in unserer Schöpfung erkennen und sie über alles lieben, sie in unser Bewußtsein hereinbeten, bis wir in einer nie aussetzenden Einheit mit unserem Ursprung leben und wissen, daß wir nie aus dieser Einheit fallen können, außer durch unsere Unwissenheit um unsere Zugehörigkeit zu Gott.

Wer Gott erkennt als das Leben, das ihn und alle Schöpfung lebt, und wer sich mit diesem Leben verbindet, der wird von Ihm erfüllt und wächst hinein in das Wunder der Wiedergeburt. Es muß eine Verinnerlichung geben, ein Nach-innen-gehen, um zu wissen, daß alles, was wir für die Erfüllung unseres Sinns brauchen, bereits in uns liegt und daß wir es durch die Hinwendung dazu entbinden müssen, soll es sich offenbaren. Der Schöpfer verlangt von uns nichts anderes als unsere Liebe, denn Er ist es, der zuständig ist für unsere Menschwerdung, aber solange wir diese Liebe nicht Ihm entgegenbringen, sondern in einem Teil-Leben im Vergänglichen verbleiben, kommt es nicht zu der notwendigen Synthese zwischen uns und unserem Schöpfer, und das schöpferische Geschehen bleibt unterbrochen, wir entfalten nicht unsere Gotteskindschaft.

So müssen wir die Notwendigkeit der Wiedergeburt erkennen als den Weg, der zu unserer Erlösung führt und zur Erleuchtung menschlichen Lebens wird, denn solange wir nicht in der Einheit mit unserem Schöpfer leben, kann Er sein Werk mit uns nicht fortsetzen. Nicht Gott verläßt uns, was eine Unmöglichkeit ist, weil wir seine Kraft in dieser Offenbarung sind, sondern wir haben Gott in uns verlassen und versuchen, aus seiner Schöpfung ein willkürliches, ego-zentriertes Dasein zu entwickeln und müssen dabei dem Fluch des verlorenen Sohnes anheimfallen und sinn-los zugrunde gehen.

31. Wir reichen mit der Kraft unserer Seele hinein in das Zeit-lose des ewigen Lebens

Sobald wir unser Bewußtsein auf etwas richten, entsteht eine unsichtbare Schwingung zwischen uns und dem Angedachten. Je nach der Intensität, mit der wir etwas an-denken, denken wir die darin verborgene Kraft in unser Bewußtsein herein, es kommt zu einer uns bewirkenden Rückstrahlung. Je tiefer wir uns sammeln können auf den uns ansprechenden Menschen oder die uns ansprechende Schöpfung, um so stärker erleben wir diese Rückstrahlung, erleben wir das unsichtbare Geheimnis der hier wirkenden Kraft. Leben wir im Bewußtsein des Schöpferprinzips, das in uns und in allem Geschaffenen verborgen liegt, und dringen wir durch alles Äußere zu diesem Prinzip vor, so erleben wir einen Austausch von Schöpferkraft, eine Belebung durch das hier manifestierte Leben. Die Tiefe unserer Erlebniskräfte bestimmt unsere Teil-nahme an der inneren Wirklichkeit des Lebens, die allein verwandelnde und erneuernde Wirkung hat. Wer auf der Oberfläche der Erscheinungswelt verbleibt, ohne Bewußtsein für die in allem Geschaffenen wirkende Schöpferkraft, vermag nur Oberflächen-Beziehungen herzustellen, ohne jene Belebung und Beseelung zu erfahren, die aus einer im Schöpferprinzip begründeten Beziehung hervorgeht.

10657a

Steht der Mensch in einer Entwicklung seiner Beziehung zu seiner Seele, lebt er ausgerichtet auf das innere Geschehen, liebt er in seiner Schöpfung die unsichtbare Kraft des Schöpfers, so entsteht von selbst eine Entwicklung seiner Beziehung zu der Seele aller Schöpfung. Er nimmt zu an Erlebniskraft, er dringt vor zu dem unsichtbaren Geheimnis des Lebens in sich wie um sich. Er wird erlebniskräftiger, er sieht mehr in dem, was er sieht, und er hört mehr in dem, was er hört. Alle seine Sinne werden feiner und durchlässiger für die Seinskräfte, die in allem Lebendigen wirksam sind. In dieser seiner wachsenden Wahrnehmungsfähigkeit für das Lebendige erlebt er eine ständige Vertiefung seiner Beziehung zu sich selbst wie zu den Mitmenschen wie zu der Schöpfung, und darin liegt das Geheimnis eines wirklichen Lebens, daß es hineinwächst in größere Zusammenhänge, daß es zunimmt an Liebe im Sinne einer leben-gebenden Synthese im Ursprung.

Die Fähigkeit, am Leben aus dem Ursprung teilzunehmen, ist uns gegeben, weil wir alle aus diesem Ursprung geschaffen sind. Wir haben durch unsere Schöpfung Zugang zu den Schöpferkräften in allem, was lebt, aber dieser Zugang wird erst bewußt erlebt, wenn wir durchgestoßen sind zu dieser Kraft des Schöpfers in uns selbst und aus ihr leben. Unsere Erlebniskräfte wachsen durch unsere Verbindung mit unserer Seele. Diese Tatsache erklärt das Geheimnis des schöpferischen Menschen, auf welchem Gebiet auch immer. Ob bewußt oder unbewußt, lebt dieser Mensch näher dem Schöpferprinzip in sich wie um sich, und er erlebt so die Verbindung mit diesem Prinzip in den Menschen und in der Schöpfung um sich. Die besondere Begabung, die er mitbekommen hat, wirkt sich dann schöpferisch aus, und dieses in dem Grad seiner seelischen Lebendigkeit, denn die Seele ist die Kontaktstelle mit der Seele aller Dinge, sie ist die Kraft des Schöpfers in uns, die uns mit dieser Kraft in allen ihren Offenbarungen in eins setzt.

Bewußt unserer Seele zu leben, ist deshalb die Voraussetzung für das Vordringen zu der Seele der Schöpfung. Das Aufwachen zu der in uns wirkenden Kraft des Schöpfers und die Sammlung auf diese Kraft öffnen uns das Reich Gottes als das Reich, wo diese Kraft wirkt. Wir sind inwendig des Vorhangs, den unsere Seelen-losigkeit aufgehängt hat zwischen uns und der Seele der Schöpfung, wir nehmen zu an Erlebniskraft, wir verbinden uns mit der in allem Geschaffenen wesenden Gotteswirklichkeit, und wir werden davon belebt und beseelt. Wenn wir diese Möglichkeit einer ständigen Zunahme an Erlebnisfähigkeit durch eine lebendige Seele erkennen, so begreifen wir die Notwendigkeit der Bewußtwerdung unserer Seele, ihrer Einbeziehung in unser Leben, sollen wir in eine Steigerung unserer Teil-nahme am Leben aus dem Ursprung hineinkommen und dadurch immer lebendiger und vollmächtiger werden. Das Bewußtsein ist das Tor, durch das wir gehen müssen, um in eine lebendige

Beziehung zu dem Leben zu kommen. Was wir in unserem Bewußtsein haben, haben wir in jeder Zelle unseres Körpers. Ist unser Bewußtsein mit unserer Seele, mit unserer Gotteswirklichkeit, erfüllt, so steht unser Körper unter den belebenden Kräften des Schöpfers und er wird davon durchsonnt und belebt. Ist unser Bewußtsein mit der Erscheinungswelt erfüllt, leben wir in der Enge eines Person- und Vergänglichkeitsbewußtseins, so erleidet unser Körper Mangel an dem notwendigen Einstrom schöpferischer Kräfte und Klarheiten. Auch haben wir in diesem Zustand keine Beziehung zu der Seele der Schöpfung, denn diese Beziehung kann nur über unsere Seele hergestellt werden. Wir erleben Erschöpfungen und Depressionen, Krankheiten und Entartungen, solange die Verbindung mit der Kraft unserer Seele nicht hergestellt ist, die die Voraussetzung ist für die Verbindung mit der Seele aller Schöpfung.

Was verstehen wir unter der Verbindung mit unserer Seele? Und wie gelangen wir zu dieser Verbindung? Wir verstehen unter der Verbindung mit unserer Seele das Aufwachen zu der Erkenntnis unserer Gotteswirklichkeit, wir kommen hinein in den Glauben an die frohe Botschaft von dem Reich Gottes inwendig in uns. Dieser Glaube ist identisch mit einer Verwandlung unseres Bewußtseins von einem Personbewußtsein zu dem Bewußtsein der überpersönlichen Kraft des Schöpfergeistes in uns. Wenn dieser Glaube erwacht ist, so bedarf es einer ständigen Übung in der

Ausrichtung auf das göttliche Prinzip in uns, auf unsere Seele. Mit dem Glauben beginnt das Wachsen unseres inwendigen Menschen, und wir gehen von einer Stufe der Beseelung zur anderen. Es kann keinen Stillstand geben in der Entfaltung der Seele, in ihrer Durchdringung unseres ganzen Lebens mit den übersinnlichen Kräften.

Die vierte Dimension, die Überschreitung der Begrenzung in der Erscheinungswelt, ist erreicht, wenn wir das Bewußtsein für unsere Seele gewinnen, was identisch ist mit dem ewigen Leben in uns. „Die Seele des Menschen umspannt den ganzen Weltkreis", sagt Hildegard von Bingen und meint damit, daß die Seele das Schöpferprinzip in uns ist, das allem Lebendigen zugrunde liegt und deshalb alles mit allem verbindet. Deshalb die ins Unendliche mögliche Erweiterung unseres Lebens durch die Einbeziehung unserer Seele in unser Bewußtsein. Es gibt keine Grenzen für das ewige Leben in uns, und diese Tatsache erklärt alles, was uns noch unerklärlich erscheint. Wir reichen mit der Kraft unserer Seele hinein in das Zeit-lose und Raum-lose des ewigen Lebens, wir stellen mühelos über unsere Seele die Verbindung her mit allem Leben um uns. Die ersten Beweise dieses ewigen Lebens in uns können wir ablesen in den Berichten der Sensitiven, der medial begabten, der mit der jenseitigen Welt verbundenen Menschen. Es wird eine neue Welt auf uns zukommen, eine Ent-hüllung der von Anfang an uns zugedachten Welt des ewigen Lebens, und wir werden ohne Hilfsmittel von außen uns über alle Entfernungen miteinander verbinden können. Wir werden unmittelbar über unsere Seele als über unsere spirituelle Wirklichkeit verbunden leben mit dieser Wirklichkeit des Schöpfergeistes in allem, was lebt, und die Verheißung des Schöpfergeistes wird in Erfüllung gehen: „Siehe, ich mache alles neu!“

32. Die Heiligen wirken heilend auf alles Leben

Je seinsmächtiger ein Mensch ist, je bewußter er ausgerichtet lebt auf die in ihm wirkende Kraft des Schöpfers, um so mehr übt er eine heilende Wirkung aus, um so anziehender wirkt er auf alles Leben um sich. Das göttliche Geheimnis, die spirituelle Wirklichkeit, ist hier angenommen worden, und dieses wirkt ansprechend und anziehend auf diese Wirklichkeit in dem Leben in allem Geschaffenen. Daß die Berichte von der Heilkraft eines heiligen und gottverbundenen Menschen in allen Zeiten der Wahrheit entsprechen, begreifen wir, wenn wir erkennen, daß hier die Durchlässigkeit für das Geheimnis der allgegenwärtigen Schöpferkraft eingetreten ist, daß hier der Logos, das Wort Gottes, „aus dem alles gemacht ist, was gemacht ist", Fleisch geworden ist und zur Offenbarung gelangt im Leben eines Menschen.

Es liegt somit in der Möglichkeit des Menschen, durch seine geschöpfliche Beziehung zu dem unsichtbaren Schöpfer zum Heil seiner Umwelt zu werden, wenn er aufwacht zu dem Bewußtsein des in ihm wesenden Heiligen. Je bewußter der Mensch dieser Kraft des Schöpfers in sich lebt, je stärker er ausgerichtet lebt auf das Geheimnis seiner Kindschaft zu Gott, um so mehr wirkt er heilend auf alles Leben um sich. Wenn wir dieses erkennen, so begreifen wir die Aussage des Paulus, daß die ganze Schöpfung nach

12304

der Offenbarung der Kinder Gottes Sehnsucht hat, um erlöst zu werden aus der Knechtschaft unter den unheiligen, den in ihrer Willkür und Vergänglichkeit lebenden Menschen.

Die Heiligen wirken heilend auf alles Leben um sich, weil sie durch sich die Kräfte des Schöpfers hindurchlassen, denn nur diese Kräfte bewirken das Heil. Die ganze Schöpfung nimmt diese Kräfte auf, ob im Bereich des Menschen, der Tier- oder der Pflanzenwelt. Wo ein Heiliger lebt, verändert er die Atmosphäre um sich, wo ein Heiliger hindenkt, entsteht eine heilende Schwingung. Wenn wir diese Möglichkeit des Menschen erkennen, durch seine Ausrichtung auf das göttliche Geheimnis des Lebens sich heilend auszuwirken, so kann es für uns kein größeres Verlangen geben, als in uns heil, mit dem Heiligen in uns verbunden zu werden. Der Weg zu unserem Heil liegt also in der Bewußtwerdung des in unserer Schöpfung wesenden Heiligen und in unserer täglichen Sammlung auf seine Anwesenheit in uns. Niemand kann uns diesen Weg nach innen zu der Erkenntnis der Kraft des Heiligen in unserer Schöpfung abnehmen, wir müssen ihn selbst gehen, und je größer unsere Liebe zu dieser Kraft wird, um so mehr ermöglichen wir ihre Ausstrahlung durch uns. Nicht das Geschöpf Mensch in seiner geschöpflichen Verkehrtheit dem Schöpfer gegenüber kann zum Heil seiner Umwelt werden, sondern allein das von ihm angenommene und ausgelebte Heilige heilt.

Die Anziehungskraft, die von einem Heiligen ausgeht, ist verständlich, wenn wir erkennen, daß nicht hier die Person uns anzieht, sondern das in ihm wirkende Leben aus dem göttlichen Urquell allen Lebens, aus Gott. Da wir selbst dieses Leben in uns tragen, so werden wir von diesem Leben angesprochen und angezogen, wenn es in einem Heiligen zur Offenbarung kommt. Gottes Kraft in ihm spricht diese verborgene Kraft in uns an und erweckt sie zum bewußten Erleben. Darin liegt die erlösende und uns in unserer spirituellen Wirklichkeit erweckende Kraft des Heiligen, und diese Kraft wird in ihrer Intensität bestimmt durch die Tiefe der Einheit des Menschen mit dem in ihm wesenden Heiligen. Wenn Jesus von Nazareth in einem solchen Umfange heilend auf seine Mitmenschen wirkte, daß sie ihn als nicht mit uns vergleichbar ansahen, sondern ihn als einen Gottessohn anbeteten, so lag dieses an seiner hohen Bewußtseinsstufe, an seinem Wissen, daß er und der Vater eins sind, daß ihn nichts trennt von der Kraft des Schöpfers, aus der er hervorgegangen war. „Wer mich sieht, der sieht den Vater, der mich gesandt hat", war seine überwältigende Aussage. Aus der Kraft des Vaters schöpfte er sein Leben, und dadurch bewirkte er das Heil.

Daß er in keiner Weise sich selbst als eine Ausnahmeerscheinung menschlichen Lebens ansah und sich nicht von uns absetzte als der alleinige Sohn Gottes, geht aus seiner Aufforderung an seine Nachfolger hervor, dieselbe Heilkraft zu bewegen, die in ihm wirkte. Auch sie sollten ausgehen und die Krankheiten der Menschen heilen, die Aussätzigen reinigen, die spirituell Toten erwecken und die frohe Botschaft von dem Reich Gottes inwendig im Menschen verkünden. „So Ihr an mich glaubt, so werdet Ihr meine Werke tun und noch größere, denn ich gehe zurück zum Vater", war seine überwältigende Aussage. „Ich bin das Licht der Welt, Ihr seid das Licht der Welt!" rief er ihnen zu. Hier stand ein Mensch vor ihnen, der den Durchbruch zu dem Heiligen in sich erlebt hatte und darin verblieb, um aus seinen Kräften und Klarheiten zu schöpfen und dadurch zum Heil seiner Umwelt zu werden.

Die Erkenntnis, daß Jesus von Nazareth ein Mensch war wie wir, doch mit dem Unterschied, daß er sich seiner Wahrheit als Schöpfergeist in Offenbarung bewußt wurde und diesen Geist annahm, während wir ohne Bewußtsein für unsere Wahrheit leben, läßt uns begreifen, daß auch wir durch die Erkenntnis unserer Wahrheit und durch unsere Hinwendung zu ihr Menschen in Christus werden können, schöpfergeisterfüllte Menschen. Darin liegt die für uns alle erlösende und heilende Kraft des Evangeliums dieses Menschen, daß wir hier gestellt werden vor uns selbst in unserer Wahrheit, daß wir durch seine Einheit mit seinem Ursprung erkennen, daß auch wir diese Einheit gewinnen können durch den Glauben an Christus in uns.